AF294717

Hugo Dürrenmatt

Das demokratische Kapital

Gesellschaft / Politik

Mein Dank für die Mitarbeit an diesem Buch an meine Tochter Cornelia Dürrenmatt für inhaltliche Retouchen. Es war eine schöne Zusammenarbeit, die von einer Idee auf eine Weise beseelt wurden, wie wir uns das zu Beginn gar nicht vorgestellt haben.
Ganz lieben Dank Dir Conny vom Päpu

© 2021 Hugo Dürrenmatt

Layout und Cover: Willy Burri

Herstellung und Verlag: BoD – Books on Demand, Norderstedt

ISBN: 978-3-7557-4009-4

Bei einem Vermögen von 2 Mio. zahlen Sie im angekommenen LIPUTS Zeitalter etwa 2'400.-- an Steuern.

Bei einem Vermögen von 20 Mio. zahlen Sie im angekommenen LIPUTS Zeitalter etwa 240'000.--.

Und sonst gar nichts. Auch die Grosskapitalisten zahlen im angekommenen LIPUTS Zeitalter keine Einkommenssteuern mehr, keine Mehrwertsteuer, keine Erbschaftssteuer, etwas später keine Unternehmenssteuer.

Prüfen Sie die LIPUTS Philosophie und ihr zentrales Steckenpferd, die LIPUTS Formel

Mehr Informationen zur Idee "Liputs" erhalten Sie unter *www.liputs.ch*, oder direkt vom Autor, ✉ *info@liputs.ch*

Liebe Mitschweizer, was bewegt mich auf die Strasse zu gehen, um mit Euch über Steuerpolitik zu kommunizieren?

Wir wissen, die Vermögenssteuer ist in Deutschland seit 1997 abgeschafft. Das war ohne Frage ein grosser Fehler. Wir Schweizer kennen sie und vermutlich geht es der Schweiz wirtschaftlich besser, weil wir die Vermögenssteuer anwenden. Noch zu schüchtern!

Wir Schweizer kennen die Vermögenssteuer in den Gemeinden und Kantonen, ausgerechnet der Bund hat die intelligenteste von allen Steuern nicht. Dass dies geändert werde, dafür kämpfe ich seit über 20 Jahren. Ich kann es mir leisten zu kämpfen, weil es mir gut geht.

Warum kämpfe ich trotzdem? Weil ich nicht nur an mich denke.

Es geht auch in der Schweiz, dieser wohlhabenden theoretischen Demokratie, nicht allen gut, es gibt auch in der Schweiz Arme, Arme sind überall zu viele, und überall sind jene daran schuld die nicht arm sind, die Systeme verteidigen, die es gar nicht allen ermöglichen auch wohlhabend zu werden. Egoismus des neoliberalen Kapitals. Punkt.

In der Schweiz könnte es noch wesentlich viel mehr Menschen besser gehen, könnten wohlhabend werden, wenn wir beim Bund eine neue Steuer an Stelle vieler andern direkten Steuern einführen würden, die LIPUTS Bundesvermögenssteuer.

Was will die LIPUTS Steuer ändern? Doppelt besteuert ist falsch.

Das sagen wir LIPUTS Freunde, wir fordern deshalb eine einzige Steuer, die LIPUTS Bundesvermögenssteuer.

Diese Steuer wird ein paar Jahre als Zusatzsteuer, schliesslich die Mehrfachbesteuerung (drei Einkommens- plus zwei Vermögenssteuern) eliminieren.

Zuerst war mir das riesige Format Steuererklärung viel zu kompliziert.

Zuerst dachte ich noch gar nicht, dass da noch ein viel grösseres Problem versteckt lag, das es zu lösen galt.

Die Steuererklärung wurde einfacher, neu, jährlich auszufüllen, die Bogen kleiner. Die Abzüge blieben, wer sich die Zeit nahm, die Wegleitung zu studieren oder sogar einen Steuerberater beizuziehen, konnte ein paar Franken sparen. Nicht viel.

Es störte mich nicht mehr das Format des Erklärungsbogens, sondern das Ergebnis des Ausfüllens, nämlich die Steuerrechnung.

Ich zeichnete ein Diagramm. Es entstand eine bucklige Kurve in der Steuersaite. Ich erkannte, dass die Kurve korrupt ist, das bedeutet, dass ab einem gewissen Einkommen nicht mehr alle Bürger einer gerechten Steuerbelastung ausgesetzt sind. Letztlich ist entscheidend was nach der Steuer übrig bleibt. Das ist im untersten Drittel der Gesellschaft sehr wenig bis nichts.

Warum musste diese Steuersaite eine Kurve ziehen, könnte die nicht linear progressiv kurvenlos gezogen werden?

Die lineare unendliche Streckung beim Einkommen führte dazu, dass bei einem sehr hohen Einkommen die Steuerrechnung höher ausfallen würde, als was dem Bürger nach Steuer zurückbliebe. Und was machten die schlauen neoliberal beeinflussten Kapitalisten? Sie krümmten einfach die Tarifsaite.

Bei den Vermögen mit ihren sehr tiefen Tarifen funktioniert die linear progressive Streckung des Tarifs.

Die Erkenntnis daraus: Falsche Gewichtung der Tarife.

Da kann wirklich niemand behaupten, der Gerechtigkeit würde Genüge getan. Vor allem wurde da dem Artikel 26.1 der Bundesverfassung nicht Genüge getan, der sagt:

Das Eigentum ist gewährleistet.

Mit der Einkommenssteuer wird nämlich für Bürger normal genau jenes Geld abgezwackt, mit dem er sich ein Vermögen aufbauen könnte. Das heisst, sein Eigentum wird mit der Einkommenssteuer nicht gewährleistet.

Art. 26,1 Eigentumsgarantie: Das Eigentum ist gewährleistet. 26,2 Enteignungen und Eigentumsbeschränkungen, die einer Enteignung gleichkommen, werden voll entschädigt.

Was ist die Steuer auf dem Einkommen armer Leute anderes als Eigentumsbeschränkung durch den Staat, wo er ihnen genau das Einkommen wegnimmt, mit dem sie Eigentum bilden könnten? Und sie werden entschädigt? Denkste, nein!

Der Artikel 26,1 greift somit zu wenig, er muss ganz leicht geändert lauten:

Die Eigentumsbildung ist gewährleistet.

Da LIPUTS nicht nur ein kapitalistisches, sondern auch noch zutiefst demokratisches System ist, müssen wir uns der Frage widmen, wie können wir nach einem ersten Urnenentscheid die Tarife in der Einkommens- und Mehrwertsteuer etc. abbauen?

Was für ein Steuersystem braucht die Welt?

Ich dachte, es gab bislang zwei politische Systeme, eines ganz links, das andere ganz rechts. Beide nicht o.k.

Das Linke, wie wir 1989 beim Mauerfall zwischen Ost- und Westdeutschland bestätigt sahen, unbrauchbar, es war kein System des Teilens, es war auch ein System der Enteignung, wie in der Demokratie mit der Einkommenssteuer, nur noch radikaler. Sie wollten allen alles geben, das hiess jenen die alles hatten alles zu nehmen, so blieb letztlich allen nichts ausser Ruinen und die Trauer über die Toten.

Das andere System, das „Rechte" war schon immer arrogant, sonst wäre das Linke gar nie entstanden, wurde nach dem Fall der Berliner Mauer neoliberal noch arroganter.

Meine Folgerung aus dieser Erkenntnis:

Es muss zwischen diesen beiden Extremen einen Weg zur Mitte geben.

Ich entschied mich für das überlebte System. Ich war voll entschlossen das Projekt von der kapitalistischen Seite her zu entwerfen, weil nur wer Kapital hat, kann Kapital geben, die Linke will berechtigt davon erhalten.

Wie gelangen wir zur Mitte?

Wenn es möglich ist die Staatseinnahmen über eine Einkommens- und eine Vermögens-Steuer zu erheben, warum sollte es nicht möglich sein diese mit einer zusammengefassten E-Steuer plus V-Steuer zu erheben, letztlich nur noch eine Steuer für gleichviel Einnahmen und gleichviel Vermögen.

Das Einkommen wird dann über das pro Kopf Vermögen versteuert. Zusammenlegen macht Sinn. Nicht nur wegen der viel tieferen Vermögens-Steuer, sondern ohne Kurven, nicht korrupt, stattdessen demokratisch. Das wird insbesondere jene Volksschichten erleichtern, die kein oder wenig Vermögen haben. Wer hingegen nicht selbst verdiente pro Kopf Milliarden sein Eigen nennt, wird nun stärker belastet. So soll es sein.

Geld regiert die Welt.

Wenn wir heute sehen, welche immensen Geldmittel ein amerikanischer Präsidentschaftskandidat selber investieren muss, wird sofort klar – Geld regiert die Welt – auch jene der Demokratie.

Egal in welche Richtung wir schauen, ob nach links oder nach rechts, auf unserer Erde hat sich eine Zwei-Klassen-Gesellschaft entwickelt und das ganz unabhängig vom jeweiligen politischen System.

in der Demokratie sind Politiker allzu oft erfolgreiche Geschäftsleute und repräsentieren die obere Elite in unserer Gesellschaft und sind von da her dem Kapital verpflichtet.

Sofort wird klar, warum bis dato immer mehr Steuern auf das Lebenssubstrat vom Lohnausweis der Bürger zugreifen. Es wird auch klar, dass von dieser Seite keine gerechte Alternative zum jetzigen Steuersystem zu erwarten ist. Warum auch, die Kassen sind voll, die reiche Elite ist zufriedengestellt und droht mit Abwanderung, falls an ihren Privilegien etwas geändert würde.

Was sind denn ihre Privilegien?

Es verbleibt ihnen nach Steuer unendlich mehr als jenen, denen nichts bleibt, weil sie über die Einkommenssteuer um den Betrag enteignet werden, mit dem sie Vermögen bilden könnten.

Immer auf die Reichen. Es gab immer schon Arm und Reich. Ja, sie haben Recht, eine absolut beruhigende Erkenntnis, es gab schon immer Arme und sehr Reiche.

Wir kennen heute noch Familien Clans, die schon seit Generationen Unmengen an Vermögen weitervererbten. Jedoch hat die Technisierung und jetzt die Digitalisierung alte Gesetzmässigkeiten ausgehebelt, und erlaubt gut ausgeschlafenen Spezies, Rekordvermögen in noch nie da gewesener Geschwindigkeit anzuhäufen. Weltweit operierende Akteure nutzen die schlafende, träge Politik und deren Gesetzeslücken skrupellos aus, um ihre Macht auszubauen und zu festigen. Aktiengesellschaften propagieren gute Geschäftsaussichten und gehen an die Börse mit Neuemissionen. Es gibt ausreichend kapitalhungrige Tennis- und sonstige Spieler, die die Neuausgaben auf Gewinn kaufen, was die Kurse aller Aktien stimuliert. Die bisherigen Besitzer können verkaufen, bis die Kurse sinken und dann billiger wieder kaufen, wenn die Kurse wieder steigen usw. So kommt man leistungsfrei zu Milliarden.

Das Ganze kann letztlich nur steuerpolitisch in anständige Bahnen gelenkt werden. Warum tun wir das nicht, wo es so einfach wäre? Sind wir mehrheitlich dumm?

Das Problem liegt im Ungleichgewicht der Tarife. Als ich den Puck bei der falschen Tarif-Gewichtung gesehen habe, wurde mir schon mal der Ansatz zur Problemlösung deutlicher.

Nachdem die Streckung der Tarifsaite bei den Einkommen nicht gelungen war, konnte sie vielleicht in den Vermögenstarifen gelingen.

Die Streckung mit den Vermögenstarifen, gelang.

Wir nehmen derzeit die direkten Steuern wesentlich über zwei Steuerarten ein, in der Steuerart der Armen bis in den Mittelstand hinein, die Einkommenssteuern, hier sind die Tarife viel zu stark gewichtet. Das wollen die Kapitalisten.

In der Steuerart der Reichen bis in den hundertfachen Milliardenbereich sind die Einkommenssteuern nicht von Relevanz, sie können ohne Lohnausweise leben. Mit ihren Einnahmen aus Spekulation und anderen Schlitzohrigkeiten der angehäuften Vermögen geniessen sie schwach gewichtete Tarife.

Nicht durch ihrer Hände Arbeit wurden sie reich, sondern durch eine skandalöse Steuerpolitik.

Das sind die Sachverhalte, die zur Schere zwischen Arm und Reich führten und weiterführen.

Weiteres Nachdenken führte dazu, dass wir mit der Überwindung dreier Einkommenssteuern zusammen mit bisherigen Vermögenssteuern eine einzige Vermögenssteuer gestalten können. So überwinden wir gleichzeitig den Vielsteuerartensalat und die falsche Tarif-Gewichtung zwischen Einkommens- und Vermögenssteuern, wenn die Einkommenssteuer entfällt.

Es gibt weitere Vorteile. Durch den sukzessiven Abbau der Einkommenssteuer werden die Lohnausweisempfänger entlastet und die Vermögenden etwas mehr belastet, insbesondere diese unverschämten pro Kopf Milliarden.

Die Administration wird einfacher und übersichtlicher. Die Beamten können, statt sich der leidigen bis lästigen, weil aufwendigen Abzugssache in den Einkommen zu widmen, sich jener Steuerart zuwenden, die die Völker der Welt aus der Armutsfalle erlösen kann. Voraussetzung, die Kapitalsteuer wird korrekt angewendet. Dass diese Steuer sehr einfach sein kann, darüber wird hier ausführlich berichtet, sie wissen längst, wie sie heisst. Die LIPUTS Steuer und ihre Formel: Die LIPUTS-Formel.

Es gibt zu viele Leute, denen bleibt nach Steuer nichts, das ist der grösste Skandal, darum braucht es LIPUTS. Der Begriff wird hier erklärt.

Wer nach Einführung von LIPUTS kein Vermögen hat, zahlt keine Steuern mehr. Die Missstände im Vermögen können über die LIPUTS Steuer ausgebügelt werden.

LIPUTS heisst:

LI near **P** rogressiv **U** nbegrenztes **T** arif **S** ystem = **LIPUTS**

Das Ziel von LIPUTS ist eine einzige Bundesvermögens-steuer, die in der LIPUTS Einführungszeit zum bisherigen Steuerarten Skandal bis ins angekommene LIPUTS Zeitalter - die LIPUTS Zeitalter werden noch erklärt - nebenher geführt wird. Ab dort ist sie alleinige Steuer. Die Einkommens- und Mehrwertsteuer Tarife sind abgebaut, Erbschafts- und Unternehmensteuer folgen nach.

Die LIPUTS Steuer ist also nicht zusätzliche Einnahme für allgemeine Staatsausgaben, sondern zweckgebunden zuerst mal für den Abbau der Einkommens- und Mehrwertsteuer Tarife. Was der Staat bei den abzubauenden, volksschädigenden Steuern weniger einnimmt, wird ihm über die LIPUTS Vermögenssteuer ausgeglichen. LIPUTS ist übers Ganze kostenneutral. Da LIPUTS nach und nach viele Steuern ersetzt, wird die Finanzadministration übersichtlicher und günstiger. Das Volk wird wohlhabender, Sozialkosten und Steuern sinken.

LIPUTS ist ein revolutionärer Gedanke. Dem Erfinder ist es wichtig, dass dieser Gedanke evolutionär, sehr, sehr sanft umgesetzt wird. Deshalb darf es nach seinem Wunsch viele Jahre dauern. Zumal das System von Beginn weg nach der Urnenzustimmung volksschädigende Tarife abbaut, ist Geduld vertretbar.

Der Kommunismus hat mit seinem System allen alles versagt, deshalb habe ich mich entschlossen, ein kapitalistisches, aber demokratisches System aufzubauen, ein anständigeres als jenes neoliberale, das uns seit Jahrzehnten plagt. LIPUTS soll zum Demokratischen Kapital führen. Ob es das soll und kann, entscheidet der Bürger und nicht Partei- und Kapitalbonzen.

Ich erinnere mich als wäre es gestern gewesen, als ich meiner Tochter, ihres Zeichens Mathematik Lehrerin, eine flache Treppe auf ein grosses Blatt Papier zeichnete. Die Treppe sollte die lineare Tarif-Treppe darstellen. Aber es gefielen mir an der Treppe die Ecken und Kanten nicht, ich wünschte mir eine linear progressive unendliche Tarif Saite ohne Ecken und Kanten. Das erwähnte ich meiner Tochter gegenüber. Sie schaute sich die Treppe kurz an und sagte:

"Das ist eine lineare Gleichung". Dafür gibt es eine Formel. Und schon war die Liputs-Formel geboren: Meinte ich.

Basis Satz x Anz.pKV-Mio. = der LIPUTS Steuertarif in %

Ich war mit der Antwort im Moment zufrieden, genau das brauchte ich, und meine Tochter in Australien lebend, hat sich dann über Jahre nicht mehr mit LIPUTS befasst, führte Ihren Sohn zum australischen Junioren Kite-Surf Champion. Ich, sein Grossvater, machte geistige Luftsprünge, wurde aber nicht Champion, immerhin LIPUTS Erfinder.

Etwas gefiel mir noch nicht, der Basis-Satz insinuiere Prozente, und ich wusste, (meinte), dieser Posten kann nicht Prozent sein, darf nicht Prozent heissen. Er kann Faktor, aber auch Punkt heissen. Ich entschied für Punkt. Jetzt braucht der Punkt noch ein Gewicht oder einen Wert. Erklärung:

Hätten wir eine Maschine, mit der wir in 8 Stunden je 50 Bretter herstellen können, dann wüssten wir beides, den Multiplikator (die 8 Stunden) und den Multiplikand, (die 50 Bretter, die die Maschine pro Stunde herstellt). Bei 8 Tagesstunden, stellt der Mensch mit der Maschine bei je 50 Bretter die Stunde 400 Bretter pro Tag her. Aber wir haben bei der LIPUTS Formel keine Maschine und weder Stunden noch Bretter. So kam ich auf die Idee: Punkt! Schlicht, Punkt als Multiplikator, dem jeder und jede selber eine Zahl zuordnen kann, die ihr, ihm sinnvoll erscheint. Sinnvoll wozu? Dazu müssen wir mehr wissen.

Was wollen wir mit Punkt und der ihm zugeordneten Zahl als Multiplikation erreichen? Den Tarif auf irgendeinem Millionenvermögen, für LIPUTS immer Millionen schreiben, auch die Milliarden. Der Tarif auf eben diesem Vermögen führt in der zweiten Multiplikation zum Steuerbetreffnis. Die LIPUTS Formel ermöglicht uns jetzt mit dem Tarif jedes beliebige pro Kopf Vermögen auf genau gleiche Art zu berechnen. Was wir jetzt und vielleicht später nicht genau wissen können, ist der ideale Wert vom „Punkt". Eines wissen wir ganz sicher, wir müssen mit einem enorm tiefen Punkt in die LIPUTS Einführungszeit einsteigen. Dieser Punkt erreicht seine demokratische Wirkung erst bei sehr hohen Vermögen, da sprechen wir von pro Kopf Milliardenvermögen, sie sind unsere Zielgrösse, weil sozusagen alle Menschen der Meinung sind, pKMrd-Vermögen können von einer Person nicht allein verdient sein. Da muss einiges davon ins Volk zurückgeführt werden.

Wir wollen mit dem Punkt und seiner folgenden Formel die Missstände in den Vermögen der Welt ausbügeln.

Konnte ich Sie vom Punkt überzeugen? Wenn ja, bitte daran denken, die Millionen im ersten Teil der Formel ohne die 6 Nullen, das ist nicht korrekte Mathematik, das ist geniale LIPUTS Mathematik eines Durchschnittsmenschen.

Der zweite Teil der Formel bedient sich aus dem Tarif des ersten Teils. Es gab viele Diskussionen um diese zweite Multiplikation.

Die zweite Multiplikation ist mathematisch korrekt eine simple Prozentrechnung, genau gleich wie, wenn Sie auf einem Sparheft 2 % auf 10'000 berechnen.

In der ersten Multiplikation hat Dürrenmatt wissentlich und willentlich einen Murks eingebaut, an dem Mathematiker verzweifeln könnten. DRM reduziert in der ersten Multiplikation die 6 Nullen auf allen Millionenbeträgen.

Ist das so schrecklich? Ich kam diesem Gedanken nie mehr los, ich gebe ihn nicht her, sonst ist LIPUTS hin, dieser munzig kleine Trick ist genau das Geniale an der LIPUTS Formel. Das Problem zwischen mir und der Mathematik bestand darin, dass wir LIPUTS als eine einzige Formel darstellen wollten, wo es eigentlich zwei Multiplikationen sind, die erste noch dazu fragwürdig, aber nützlich.

Es ist also wahr, die LIPUTS Formel hat ein anderes Ziel als irgendeine andere mathematische Formel, sie ist als Ganzes nicht streng mathematisch, aber dank des Menschen Fantasie kann sie letztlich dennoch stimmen, mehr noch, Sie werden es bald merken, für unsere Ziele geradezu genial genutzt werden.

Kürzungen kommen in den Flyern und hier oft vor.

pKMioV = pro Kopf Millionen Vermögen

pKMrdV = pro Kopf Milliarden Vermögen

Wenn ich mir allein die ausgeschriebene Zahl eines hundertfachen Milliardärs vorstelle, wird mir schier schwindlig.

100'000'000'000

elf Nullen, da sind für ein anständiges Vermögen mindestens drei Nullen zu viel. Und es gibt bereits einen zweihundertfachen Milliardär. Wen wundert's, dass die Schere zwischen Arm und Reich immer weiter auseinanderdriftet. Und es gibt immer noch Leute, die haben keine Hemmungen zu behaupten, die Schere öffne sich nicht weiter. Selbst wenn sie recht hätten, die Schere muss geschlossen werden.

Bereits begegneten wir Wörtern, die für die LIPUTS Bandbreitenphilosophie wichtig sind:

LIPUTS, findet man nicht im Duden, hier bereits im Cover von meinem Freund geschickt dargestellt.

Die LIPUTS Einführungszeit, muss evolutionär erfolgen.

Revolutionär umgesetzt, wäre LIPUTS fast eine kommunistische Revolution. Wir setzen LIPUTS evolutionär um, so führt sie nicht zur Enteignung, sondern zur gerechten Kapitalstrukturierung in den LIPUTS Ländern der Welt. Am Ende der LIPUTS Einführungszeit sind wir am Anfang der angekommenen LIPUTS Zeit.

Evolutionär ist LIPUTS, es will sein Weltsystem für alle schonend umsetzen, auch für die Abgebenden. Das geht nicht auf die Schnelle.

Desaster, grosses Unglück, oft fahrlässig verursacht.

Schere, Spagat zwischen pKMrdV und grösster Armut.

LIPUTSaner, ist kein Schreibfehler, sie sind nicht Lipizzaner.

MWST, Mehrwertsteuer.

Wie chronologisch vorgehen, wo gleich mehrere Fragen anstehen? Wichtig, die Formel immer zeigen.

Sie kennen die Formel bereits, so können wir   eine Steuer <u>Berechnung z.B. für Mitte Einführungszeit einstreuen:</u>

0.003 x 5 pKMio. = 0.015 % Tarif

0.015 % auf 5 pKMio. 5'000'000.-- = 750.-- die Steuer

Gegen Ende Einführungszeit wird der Punkt nur noch eine Null nach dem Punkt kennen. Zum Beispiel: 0.04 x Anzahl pKMio.

Die Einkommens-, die Mehrwert- und die Erbschaftstarife sind ungerecht, sinnlos, volksschädigend. Sie können mit der zweiteiligen LIPUTS Formel abgebaut und ganz überwunden werden.

Der Abbau dieser volksschädigenden Tarife könnte unter Umständen sehr viel schneller geschehen, als sich der Autor dieses Buches mit seiner übervorsichtigen und sehr rücksichtsvollen Einstellung dem Milliardär gegenüber, selber vorzustellen wagt.

Der Punkt 0.06 ist fürs angekommene LIPUTS Zeitalter passend, das hatte ich in einer Modellrechnung aufgrund der Ländereckwerte ermittelt. Interessierte können dazu mehr in www.liputs.ch erfahren. Diese Arbeit der Modell Rechnung wollte ich den Menschen ersparen, da die Übung mit dem Punkt nicht nur viel einfacher, sondern auch noch viel lustiger ist. Die Regierungspraxis nach LIPUTS, führt zum ihr entsprechenden Tarif.

Wozu braucht man LIPUTS?

Um die Missstände in den Vermögen zu beheben.

Wie? Mit der LIPUTS-Formel.

Punkt x Anzahl Mio. = Steuertarif

0.0001	x	1 Mio.	=	0.0001 % der Tarif
0.0001	x	10 Mio.	=	0.001% der Tarif
0.0001	x	100 Mio.	=	0.01% der Tarif
0.0001	x	1'000 Mio.	=	0.1% der Tarif
0.0001	x	10'000 Mio.	=	1 % der Tarif
0'0001	x	100'000 Mio.	=	10 % der Tarif

Den Steuerbetrag rechnen wir die Mio. mit den Nullen.

Tarif =	0.0001 %	auf 1 Mio.	=	1 CHF Ste-Betrag
Tarif =	0.001 %	auf 10 Mio.	=	100 CHF Ste-Betrag
Tarif =	0.01 %	auf 100 Mio.	=	10'000 CHF Ste-Betrag
Tarif =	0.1 %	auf 1'000 Mio.	=	1 Mio Ste-Betrag
Tarif =	1 %	auf 10'000 Mio.	=	100 Mio Ste-Betrag
Tarif =	10 %	auf 100'000 Mio.	=	10'000 Mio Ste-Betrag

Er beginnt nach des Autors Wunsche mit 0.0001

Er wird linear progressiv unbegrenzt gezogen, vorbei die korrupten Kurventarife, sie werden gestreckt. Irgendwo müssen die pro Kopf Milliarden limitiert werden, so lange zieht der LIPUTS Punkt von 0.0001 bis unendlich aufwärts, bis die hohe Deckelung bei 100 pro Kopf Millionen plus erreicht ist. Plus, hohe Nettogewinne ermöglichen immer noch höhere pro Kopf Vermögen.

Die Bürger entscheiden an der Urne eine leichte Erhöhung des Punktes, wenn ihnen der Anstieg des LIPUTS Tarifs in der LIPUTS Einführungszeit zu langsam vorangeht.

Über zwei LIPUTS Zeiten werden Punkte in allen Bereichen von 0.0001 bis 0.06 vorkommen, nämlich >ab Einstieg in die LIPUTS Einführungszeit mit 0.0001 bis ins angekommenen LIPUTS Zeitalter gegen 0.06<

Seine Flexibilität und Variabilität machen den Punkt so genial. Er ist über beide LIPUTS Zeiten, der Einführungszeit bis und mit angekommenes LIPUTS Zeitalter ansteigend anwendbar, immer mit situationsgerechten Punkt Zahlen. Die Steuerberechnung funktioniert somit über das gesamte LIPUTS Zeitalter nach gleicher Formel mit ihrem variablen

Punkt. Es wird eine Punktreise mit Zahlen von 0.0001 bis 0.06 sein.

Wir könnten den Vielsteuerartensalat durch Beschluss eines kommunistischen Komitees über Nacht enteignen. Sie wissen was da passiert ist, die Privatinitiative wurde ruiniert. Das System Kommunismus hat sich mit Mord und verbleibenden Ruinen selbst entlarvt. Ein historisches Drama, nicht im positiven Sinne und Geiste von alles für alle, wie das propagiert wurde.

Der Mensch ist ein Gewohnheitstier, und er fühlt sich in seiner Gewohnheit sicher, auch wenn sie ungerecht ist.

Das heisst, er wird seine Gewohnheit nicht durch ein System über Nacht ablegen, weil er Neuem grundsätzlich nicht so traut, wie dem Altbekannten.

Das Alte kennt er, es hat gerade ihn nicht umgebracht, ob das beim Neuen auch so wäre, das weiss er noch nicht. So fragt er den Reformer beim Argument, das Neue sei viel gerechter: „Was ist Gerechtigkeit?"

Der Reformer antwortet: Rechne nach, dann siehst Du es.

Es blieb dem Autor nichts anderes, als das Neue den vielen alten Steuern nebenher einzurichten, über eine „vorläufige" zusätzliche LIPUTS Einführungssteuer, deren Tarif langsam, aber stetig über viele Jahre zur angekommenen alleinigen LIPUTS Steuer heranwächst.

Diese ist in der Einführungszeit mit dem Punkt so tief angesetzt, dass man, sollte sich das System nicht als gut beweisen, dieses problemlos wieder aufgeben könnte, zurück ins alte Desaster.

Einkommens- und Mehrwertsteuer sind volksschädigend.

LIPUTS ist eine neue Steuer, von der wir von Anfang an genau wissen, wozu sie verwendet wird. Das alte Desaster zu überwinden.

Da das Volk ab gehobener Mitte bis ins unterste Drittel des sozialen Spektrums viel mehr an der Einkommenssteuer leidet als die Milliardäre, müssen wir die Gewichtung der Tarife komplett ändern, sprich umlegen, so profitieren neu, ausser den pKV-Milliardären, alle. Und ändern heisst eben nach LIPUTS, die Vermögens Tarife korrekt gewichten, evolutionär sehr sorgfältig, so dass die Abgebenden nicht leiden müssen.

LIPUTS braucht keine neue Administration, es braucht weniger Administration. Den LIPUTS Topf, wo die LIPUTS Steuer hineinkommt. Der Finanzminister schickt das Geld umgehend an Kantone und Gemeinden weiter mit dem Auftrag: „Baut die volksschädigenden Tarife ab."

Der Staat muss nicht alles an die Kantone und Gemeinden weiterleiten, er nutzt ja bis anhin auch noch die ungerechte Einkommenssteuer, und weil sein Einkommenstarif nach LIPUTS auch nach und nach entfällt, darf er das ihm

Zustehende aus dem LIPUTS Topf für den Ausfall bei der E-Steuer behalten.

Was meine ich mit Desaster?

Wir reden viel von der Schere zwischen Hundertfachen pro Kopf Milliardären, und Millionen Hungernder, die Erstere verursachen. Zu behaupten, die Schere drifte gar nicht auseinander ist angedenk der Tatsache, dass die Reichsten ihre Vermögen in wenigen Jahren verdoppeln, eine infame Lüge. Das ist der wahre Missstand, dass nicht selbst verdiente Vermögen allein auf Kapitalerträgen und anderen Gewinnen, unendlich weiterwachsen.

Das ist das Desaster.

Die Schere ist die riesige soziale Spanne zwischen diesen beiden Gesellschaftsformen, nicht selbst verdientes pro Kopf Milliardenkapital, und unverdienter Armut bis zum Hungertod.

Wir müssen das Desaster Welt Drama nennen, dem nur mit einer LIPUTS Steuer beizukommen ist, eine Steuer, die die UNO unbedingt für die Welt propagieren muss. Die UNO Finanzbeamten sollen die LIPUTS Formel lernen. Das ist wichtiger als Zelte in die Wüste zu liefern, wo kein Gras wächst. Nichts.

Jede Multiplikation hat einen Multiplikator und ein Multiplikand. Der Punkt mit seiner variabel möglichen Zahl ist der Multiplikator und die x-beliebigen Millionen sind der Multiplikand.

1 Million nenne ich = 1

1 Milliarde = 1'000 Mio.

Das muss sich wer LIPUTSanerIn werden will einprägen.

Als Beispiel: Multiplizieren Sie den Punkt 0.06 mit 2 pKMio.

0.06 x 2'000'000 = 0.12 % = der Tarif.

0,12 % auf 2 pKMio. auf 2'000'000.--.

Das Steuerbetreffnis ergibt 2'400.--. Im angekommenen LIPUTS Zeitalter.

Da sich LIPUTS als Weltprojekt versteht, erscheinen Beträge ohne Währungseinheit.

Mit einer Steuerrechnung über 2'400.-- wäre jeder 2-fache Millionär bei CHF, US$, Euro u.a. ähnlichen Währungen sehr zufrieden, denn er zahlt aktuell noch Einkommenssteuern, und auf dem Einkauf Mehrwertsteuern. Total sehr viel mehr Steuern als 2'400.--.

Das ist das Problem besonders aller nicht Millionäre.

LIPUTS will dem Volkswohlstand Priorität geben. Wohlständiges Volk ist am Gesunden des Klimas mehr interessiert, als am Hunger sterbende. Das Volkswohl ist dann in der Lage, das Klima langfristig zu schützen, ohne ein subito Grossprojekt, das schnell verpufft.

Das angekommene LIPUTS Zeitalter braucht eine Erklärung: Der Tarif im angekommenen LPUTS Zeitalter von 0.06 würde ein pKMrd-Kapital auf Anhieb wegputzen. Deshalb brauchen wir eine LIPUTS Einführungszeit mit einem lachhaft scheinenden Tarif zum Beispiel 0.0001

Wir können mit diesem sanft ansteigenden Tarif beginnend die obszön ungerechten Missstände in den Vermögen sukzessiv über einige Jahrzehnte abbauen. Den Milliardären wird viel Zeit eingeräumt, LIPUTS ist eine Revolution, die evolutionär, sehr sanft umsetzbar ist.

Die Entwicklung weg von der Einkommens- hin zur einzigen Vermögenssteuer ist eingeleitet, sobald LIPUTS vom Volk begriffen wird, will es mit dem Projekt an die Urne.

An der Zusatzsteuer leiden Reiche kaum, obere Mittelständler nicht, Wohlhabenden geht es besser, und Vermögenslosen erst recht, sie zahlen gar keine Steuer mehr, bis sie vermögend geworden sind.

Stören Sie sich bitte nicht am Punkt, er ist meiner Sturheit zuzuschreiben, ich wollte unbedingt mitteilen:
LIPUTS bringt die Lösung auf den Punkt.

Da fand es jemand witzig den Punkt Hugo zu nennen, also Hugo 0.06, das fand ich nicht lustig, jetzt heisst schon das Borstenschwein im Tierpark Hugo, das reicht.

Es ist egal, ob Sie auch noch einen anderen Begriff für den Punkt finden und wählen, Hauptsache, der Punkt oder eben Ihr Begriff hat die Flexibilität und Variabilitätsfähigkeit meines Punktes, also die Zuordnungsmöglichkeit unendlich vieler Zahlen.

Sie wissen es, er beginnt sehr, sehr tief, linear Progressiv unbegrenzt und wird schon ab Beginn am pro Kopf Milliardenkapital zu knappern: Knappern! Nicht knapper. Das Kapital wird zuerst noch weiter leistungsfrei wachsen, bis die Bürger entscheiden, das geht zu langsam, wir müssen den Punkt kontinuierlich leicht anheben.

Der flexible Punkt muss über die LIPUTS Einführungszeit permanent sanft angehoben werden bis ins angekommene LIPUTS Zeitalter. Dort bleibt er stabil.

Das macht den Punkt so genial, er überdauert die LIPUTS Einführungszeit und wird sein statisches Ziel im angekommenen LIPUTS Zeitalter im Bereich 0.06 erreichen.

Es ist somit völlig unnötig, grosse mathematische, statistische Berechnungen anzustellen, ob wir mit 0.0001 beginnen können. Dieser Anfangstarif der Einführungszeit geht mit dem pKMrd-Kapital sanft um. Vielleicht sogar zu sanft, die Wucherung dieses Kapitals kann damit höchstens mal gestoppt werden. Der Abbau und damit das Schliessen der Schere kommt langsam. Erkennbar wird immerhin, dass die Steuern nun nach und nach zunehmend über die LIPUTS Vermögenssteuer statt über die volksschädigenden

Einkommens- und Mehrwertsteuern erhoben werden. Sozial Fühlende freuen sich.

Erst nach vielen Jahren werden wir bei einem pKVermögensbereich von 100 pKMillionen ankommen. Das ist immer noch ein sehr hohes Vermögen, aber verglichen mit den pro Kopf Milliarden, anständig, ins LIPUTS Zeitalter passend.

Das ideale pKVermögen wird von Land zu Land je nach Währungsstärke oder Schwäche variieren. Aber die Formel ist in allen Ländern zum Vorteil aller gleich anwendbar.

LIPUTS ist ein kapitalistisches System, das sich gegenüber dem Kapital anständig verhält. Kapitalist bleibt Kapitalist. Hundert pro Kopf Millionen ist viel Kapital, von dem die meisten nur träumen können.

Dieses Büchlein erklärt, wie das unanständige pKMrd-Kapital für alle schmerzlos hin zu pKVMio-Kapital im 100 pKVMio-Bereich gelenkt werden kann. Da viele Millionäre jährliche Nettogewinne erzielen, die den Punkt 0.06 übersteigen, wird es auch nach LIPUTS noch pro Kopf Vermögen geben, die die angestrebte Deckelung von 100 pKMio nach oben durchbrechen. Also bitte keine Panik unter den Millionären, Euch wird es nach LIPUTS besser ergehen, als unter der Regie des pro Kopf Milliardenkapitals.

7.7.2021 Aus den Medien erfahren wir, dass der prominenteste niederländische Kriminalreporter Peter R. de Vries auf dem Weg zu seinem Auto mitten in Amsterdam von einer Kugel getroffen worden ist. Er ist Tage später im Spital an den Verletzungen gestorben.

Das ist erschütternd, in was für einer Welt leben wir eigentlich, müssen wir uns dem Verbrechen unterwerfen, oder haben wir eine Chance den Kampf ohne Waffen zu gewinnen? Wir LIPUTSaner wollen kämpfen, aber ohne physische Waffen, sonst nimmt das Drama nie ein Ende.

Das pro Kopf Milliardenkapital ist am kapitalen Verbrechen wesentlich verantwortlich, weil es Verbrechen provoziert.

Wir wissen, es dreht sich alles ums Geld, wer genug hat, kann sich glücklich schätzen, wer zu wenig oder gar keines hat ist wirklich arm dran. Das Problem liegt an einer obszön widerlichen Verteilung des Kapitals, sie ist steuerpolitisch gewollt, ihr Ziel ist nicht Gerechtigkeit für alle, aber genau die streben wir an.

Schlimm, wenn jemand arbeiten möchte und nicht kann, weil ihm keine Stelle angeboten wird, weil er nichts findet, etwas, das ihm ein bescheidenes Einkommen für gute

Arbeit bieten würde. Er findet nichts, weil der Mittelstand der am meisten Arbeitsplätze schafft, bereits auch verarmt und der Kleinunternehmer alles selber schuften muss, weil ihm das Geld um Leute einzustellen fehlt, Geld das ihm der Staat über Einkommenssteuern abgeluchst hat.

Daneben pro Kopf Vermögen im 100-fachen Milliardenbereich, die mit selbst verdient nichts mehr zu tun haben, Unzählige am Werk, nur einer sahnt ab.

Was wundert uns, wenn aus solchem Unrecht Verbrechen heranwachsen, Einzelpersonen, Gangs oder gar mafiöse Gesellschaften. Das sind Leute, die vom Staat nichts mehr halten, weil sie von ihm enttäuscht wurden. Sie wollen eine Alternative zum korrupten Staat, leider mit Gewalt und auch korrupt.

Letztere können argumentieren, der Staat tue viel zu wenig für seine Bürger, denen er über ungerechte Steuern wie die Einkommenssteuer oder die Mehrwertsteuer sehr viel Geld abluchse, oft genau noch das Geld, mit dem der Bürger Rücklagen, ein kleines Vermögen aufbauen könnte, und nicht mehr zum Sozialschalter müsste.

Das Verteilprinzip der Mafia funktioniert anders, gewalttätig.

Die Politiker haben ihren Sessel in der Legislative, wenn sie als Nationalrat oder Ständerätin gewählt werden, werden sie komfortabel bedient, sie setzen sich mehr fürs Kapital ein, als für die Bürger, weil sie der irrigen Auffassung sind, Kapital arbeite.

Die Regierenden, auch gut gewillte, sind, relativ machtlos.

Etwa in der Schweiz kann die Nationalbank im ersten Quartal 2021 37 Milliarden Reingewinn einfahren, aber für die AHV ein paar Mrd. davon abzweigen geht gar nicht. Man darf dem Gott der Nationalbank nichts vorschreiben, er könnte ja die Milliarden beim nächsten Devisencrash zum Verlieren benötigen, wo die nirgends besser angelegt wären als im AHV Fond. Von dort kommt nämlich jeder Franken wieder in die Wirtschaft.

Der geniale LIPUTS Punkt führt in den Ländern, die sich für LIPUTS entschieden haben zu Länderbandbreiten, in reichen Ländern zu breiten Bandbreiten, in armen Ländern zu schmalen Bandbreiten. Das ist bei Weiten nicht alles und schon gar nicht das Wichtigste.

Driftet die Schere zwischen den Reichsten und den Ärmsten sehr weit auseinander, ist das zur allgemeinen Not auch noch demütigender, als wenn die Schere relativ geschlossen ist. Das heisst ein armer Mensch in einem armen Land muss nicht zwingend mehr leiden als ein Armer Mensch in einem reichen Land, ganz im Gegenteil, es ist nicht zwingend die Länderarmut, die persönliche Armut, weil sich Armut sehr stark durch psychische Belastung manifestiert.

Etwa in Afrika sieht man viel Armut, und dennoch sind die Menschen oft fröhlicher als im reichen Europa, was gerade darin liegt, dass es dem Nachbarn nicht besser geht als mir selber. Man tröstet sich gegenseitig, statt wie bei breiten Länderbandbreiten wo dumme unter den Reichen hochnäsig an der Armut vorbeischauen.

Etwa Amerika, noch eines der reichsten Länder der Erde, und was zeigen uns die Medien aus diesem Land? Unerträgliche Armut unzähliger obdachloser Menschen, die ihr ganzes Hab und Gut zu Fuss mit sich herumschleppen.

Wie gut, hätten die Einwanderer Amerikas, die Afrikaner nicht als Sklaven nach drüben schleppen lassen, sie hätten es in ihrer angestammten Heimat besser als in der neuen Welt. LIPUTS kann die Armutsschere schliessen, das ist seine wichtigste Fähigkeit.

Dann kennen wir auch noch die Weltbandbreite, die alles umfasst, von den ärmsten bis zu den reichsten Ländern, den ärmsten bis zu den reichsten Menschen. Die LIPUTS Formel könnte sich nun die UNO zu eigen machen, und sie über die Länder der Welt ausdehnen. Die reichsten Länder würden eine Kleinigkeit für die ärmsten Länder abgeben, genau gleich wie das innerhalb der Länder personell geschehen wird. Daran glaubt der Autor.

Ich erster LIPUTSaner bin der dezidierten Auffassung, dass es wichtig ist, dass die Menschheit die Moral aufbringt, die Schere global enger zu schliessen, das würde die Flüchtlingsströme stark eindämmen.

Warum fragen wir noch, wie können wir diese exorbitante Ungleichheit zwischen den Ländern und zwischen den Menschen der Welt korrigieren? Wir wissen es, mit LIPUTS.

Überall auf der Welt werden die Steuern nach dem Motto erhoben: „Viel Kleinvieh gibt auch Mist". Man melkt lieber die Ziegen der Armen als die Kühe der Wohlhabenden, und wenn die Armen die Ziegen aufgegessen haben und keine Milch mehr abliefern können, stürzen sich die Staaten auf die Kühe der Wohlhabenden, so werden auch deren Besitzer immer ärmer. Geschont wird der Reichtum mit der Begründung, die Reichsten zahlen so und so viel vom gesamten Steueraufwand, z.B. 10 Prozent der Reichsten zahlen über die Hälfte der direkten Steuern. Das beeindruckt vor Abstimmungen in Kapitalfragen die armen Volksmassen, sie erkennen nicht, dass es logisch ist, dass jene die Hälfte der Steuern zahlen, die 95 Prozent des Vermögens besetzen.

Wir wissen inzwischen, dass einerseits die Tarifgewichtung weg von den Einkommen und Mehrwertsteuern, hin zum Kapital verschoben werden muss. Das ist das eine. Das andere, die Steuersätze müssen bei jenen, die 95 Prozent der nominellen Werte der Erde besetzen, ähnlich ihrem Prozentbesatz an der Erde Steuern zahlend entsprechen. Ein LIPUTS System, das die pro Kopf Milliardenvermögen langsam und auch rücksichtsvoll immerhin nach unten drückt, wo das Kapital gebraucht wird. Es soll das pKMrd-Kapital, das nicht selbst verdient ist, Tarif politisch in die Bereiche der Leistung verschoben werden.

Mit der LIPUTS Formel schaffen wir das.

Feststellung:

Es darf nicht sein, dass ein paar Hundert Multimilliardäre mehr als die Hälfte des nominellen Wertes dieser Erde besetzen. Je mächtiger das Kapital der Besatzer, desto erdrückender die Armut am untersten Ende des sozialen Spektrums, wo wir alle herkommen.

Die Scheren müssen geschlossen werden, die Schere zwischen den Ländern der Welt als Aufgabe für die UNO. Und es müssen die Scheren innerhalb der Länder der Welt geschlossen werden, die Aufgabe der Länder der Welt. Wichtig ist, dass irgendwo damit begonnen wird. Es wird nicht zum Schaden des Beginners sein, ganz im Gegenteil, Gerechtigkeit erhöht ein Volk, Gerechtigkeit erhöht aber auch den Lebenswert der ganzen Welt. Die UNO, die Länder der Welt können es richten. Mit LIPUTS, dieser genialen Formel. Regierende, machen Sie mit, wer ihr auch seid, wo ihr auch seid. Die Menschen der Welt werden es Euch danken.

Der Souverän, wir sind das Volk, beschliesst an der Urne den Einstiegspunkt für die LIPUTS Einführungszeit in einer schmalen Bandbreite.

Das Volk beschliesst z.B. 0.00005 bis 0.00015 für die Legislative, das sind unsere Volks- und Kantonsvertreter.

Die Legislativen wiederum engen diese Bandbreite etwas enger für die Regierung ein, z.B. 0.00007 – 0.00013

In dieser Bandbreite kann die Regierung über die Finanzen entscheiden, wenn es nicht gerade um mehrfache Milliardenausgaben geht. Da sind meist Volksabstimmungen angezeigt.

Wenn wir zum Beispiel auf die Idee kämen, Atom-U-Bote für den Gerzensee zu bestellen, bräuchte das eine Urnenabstimmung, und ich traue es sogar den Bernern – die zweimal die Pauschalsteuer behalten wollten – zu, ein solches Ansinnen abzulehnen.

Wir merken uns: 0.06 ist nicht Prozent, sondern Punkt.

Wir können diesen plausiblen Punkt 0.06 nicht nach dem grundsätzlichen Urnenentscheid für LIPUTS anwenden, weil wir das pro Kopf Milliardenkapital zuerst in ein für eine Demokratie anständiges Kapital steuern müssen, und das geht zu Beginn nur mit extrem tiefen Punktzahlen.

Diese Rücksichtnahme ist zwingend, mit Punkt 0.06 würde die LIPUTS Formel ein pKMrd Kapital entsorgen. Das ist nicht das LIPUTS Ziel, LIPUTS will es volksverträglich mit tiefsten Tarifen in den hundertfachen Millionenbereich abbauen, dort funktioniert der Punkt 0.06 korrekt.

Die Völker der Erde werden die Milliardäre anständiger behandeln, als was sie den Armen dieser Welt antun. Das Kapital ist mächtig, es wird LIPUTS nur dann hinnehmen, wenn 99 % seiner Menschen darin Vorteile sehen. Dass auch das restliche Prozent mit einer kommunistischen Revolution verglichen Vorteile hätte, das sehen die verblendeten Kapitalgötter nicht so schnell ein.

Die Langsamkeit der LIPUTS Idee kann ein wichtiges Argument in einer Volksabstimmung werden. Nicht subito, rücksichtslos schnell, sondern rücksichtsvoll, sehr langsam, sanft. Denn dass 100 gar 200 pro Kopf Milliarden für die Menschen der Welt nicht aufgehen können, begreifen mittlerweile auch Laferi, die ansonsten immer alles besser wissen und keine brauchbaren Vorschläge machen.

Es ist wahr, LIPUTS will Volkes Erlösung aus kapitalem Unrecht nicht über Nacht herbeiführen, um da nicht unnötige Unruhen zu provozieren. Wichtig ist, mit LIPUTS wird die Basis der Völker nach und nach wohlhabend, damit die Sozialkosten sinken, und die Steuern auch. Wohlhabende Völker sind friedlicher, sie müssen nicht ums Überleben kämpfen.

Die Bandbreite im Punkt wird den Regierenden die Möglichkeit eröffnen, das pro Kopf Kapital Level im eigenen LIPUTS Land so zu lenken, dass es allen dient.

Millionäre wird es am Ende der sehr langen LIPUTS Einführungszeit tausendfach mehr geben. Diese Jahrzehnte lange Zeit wird den abgebenden Milliardären als Lernprozess angeboten. Und zuletzt werden auch die Hand voll Milliardäre im Bereich von 100 pKMrd und mehr einsehen, dass sie egoistische Sonderlinge sind, und den Wohlstand der Menschen der Welt verhindern.

Milliardäre, pKVMilliardenkapital kann nicht selbst verdient sein, das dem Volk entwendete zurückgeben wird Eure Seele erleichtert schweben lassen, sie werden im Spiegel wieder ein schöneres Gesicht sehen.

Ein anständigeres Vermögen wird Ihnen das Sterben nicht erschweren, im Gegenteil, je milliardärer der Mensch ans Sterben denken muss, umso ekliger wird es für ihn. Es sei nicht unanständig reich zu werden, reich zu sterben schon eher, auch belastender.

Wenn der 100-fache Milliardär nicht von selbst zur Erkenntnis kommt, dass nicht selbst verdient so reich geworden zu sein eine Schande ist, dann muss man es ihm erklären.

Und sollte ihm nichts einfallen, was er mit den nicht selbst verdienten Milliarden anfangen könnte, ich könnte ihm den AHV Topf empfehlen, und den Klimaschutz.

Des LIPUTSaners Ziel und Hoffnung ist, dem Milliardär den Weg zurück in den Anstand so leicht wie nur möglich zu gestalten. Die Hechte mögen sich erinnern, dass ihr Kapital schon in kommunistischen Revolutionen aufgefressen wurde, nicht nur ihr Kapital, oft auch noch sie persönlich. Das kann ihnen LIPUITS ersparen.

100 Millionen sind mehr als man in einem Leben vernünftig ausgeben, geschweige denn anständig erarbeiten kann. "Wir wollen die Milliardäre, welche seit Jahren von unserem klimaschädigenden Wirtschaftssystem profitiert haben, höflich zur Kasse bitten, damit die breite Bevölkerung finanziell entlasten", da bin ich mit der Juso-Präsidentin Ronja Jansen sehr einverstanden. Aber nicht subito, schön langsam und freundlich vorab für den Volkswohlstand.

Die Bandbreite im Kapital in ein Level von 100 pKVMio. zu führen war das LIPUTS Ziel, bevor es die heutigen Jungsozialen gab, doch ihr noch moderates Auftreten zeigt, wie dringend die LIPUTS Forderung geworden ist.

Wird das Volk durch LIPUTS wohlständig, wird es dann auch für den Klimaschutz interessierter sein. Letztlich denken die Jugendlichen nicht anders als der alte LIPUTS Erfinder, sie kamen nur nicht auf seine Idee der LIPUTS Bandbreitenphilosophie, die ihr Ziel anständig und dauerhaft erreichen kann.

Schaffen wir es die Milliarden im Volk gerechter aufzuteilen, werden es an Stelle von wenigen hundertfachen Milliardären Milliarden wohlständig gewordene Menschen sein, die sich für das Klima einsetzen.

Ohne Geld können die Völker dem Klima nicht helfen, auch ist das Klima darbenden Menschen nicht wichtig. Ihr Fazit: „Ich soll krepieren? also kann es das Klima der Milliardäre auch." Sie sehen die Welt unter ein paar Hundert Milliardäre nominell verteilt, was die Schere bewirkt, die für die Armen nebst Hunger und Tod auch psychisch so demütigend ist.

Die Welt braucht endlich das Volkskapital. Wenn wir das LIPUTS Ziel Volkswohlstand schaffen, schaffen wir auch den Klimaschutz dauerhaft. Mit Milliardenkapital muss man verantwortungsvoll umgehen, das darf man nicht subito verschleudern.

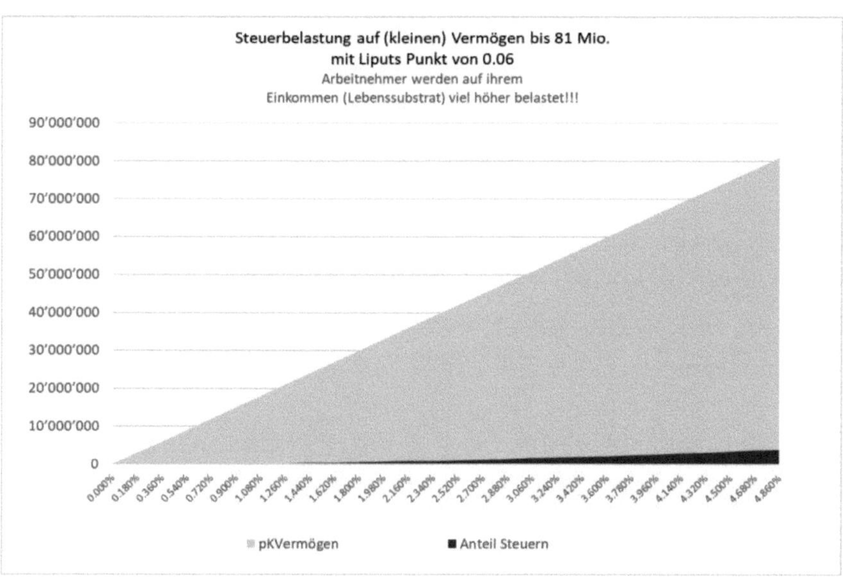

Steuerbelastung auf (kleinen) Vermögen bis 81 Mio.
mit Liputs Punkt von 0.06
Arbeitnehmer werden auf ihrem
Einkommen (Lebenssubstrat) viel höher belastet!!!
90'000'000
80'000'000
70'000'000
60'000'000
50'000'000
40'000'000
30'000'000
20'000'000
10'000'000
0
0.000%
0.180%
0.360%
0.540%
0.720%
0.900%
1.080%
1.260%
1.440%
1.620%
1.800%
1.980%
2.160%
2.340%
2.520%
2.700%
2.880%
3.060%
3.240%
3.420%
3.600%
3.780%
3.960%
4.140%
4.320%
4.500%
4.680%
4.860%
pKVermögen
Anteil Steuern

Haben wir in der Einführungszeit ein anständiges pro Kopf Vermögen von 100 Mio. pro Kopf erreicht, müssen und können die Steuerbetreffnisse ab 100 pKMio abwärts stark abnehmen.

Sind die Nettogewinne über 6 % kann das Vermögen des Millionärs nach Steuer immer noch weit über 100 pKVMillionen wachsen.

Sollten die Menschen der Welt erkennen, dass das System nicht gut ist, könnten sie ohne Schaden für irgendjemand wieder zum Desaster der alten Tarife zurückkehren, die ja noch nebenher abnehmend geschuldet sind. Das aber wird niemand mehr wollen, nicht mal jene, die vom nicht selbst verdienten Speck abgeben müssen. Sie müssen nach LIPUTS keine kommunistische Revolution mehr befürchten.

Punkt 0.06 x 100 pKMio.Verm. = 6 % der Tarif = 6 % auf 100'000'000 = 6'000'000 die LIPUTS Steuer

Ab hier nimmt die LIPUTS Steuer bei gleichbleibendem Punkt aufgrund des abnehmenden Kapitals massiv ab.

Punkt 0.06 x 90 pKMio.Verm. = 5,4 % der Tarif
5,4 % auf 90'000'000 = 4'860'000 die LIPUTS Steuer

Punkt 0.06 x 80 pKMio.verm. = 4,8 % der Tarif
4,8 % auf 80'000'000 = 3'840'000 die LIPUTS Steuer

Punkt 0.06 x 70 pKMio.Verm. = 4,2 % der Tarif
4,2 % auf 70'000'000 = 2'940'000 die LIPUTS Steuer

Punkt 0.06 x 60 pKMio.Verm. = 3,6 % der Tarif
3,6 % auf 60'000'000 = 2'160'000 die LIPUTS Steuer

Punkt 0.06 x 50 pKMio.Verm. = 3,0 % der Tarif
3,0 % auf 50'000'000 = 1'500'000 die LIPUTS Steuer

Punkt 0,06 x 40 pKMio.Verm. = 2,4 % der Tarif
2,4 % auf 40'000'000 = 960'000 die LIPUTS Steuer

Punkt 0.06 x 30 pKMio.Verm. = 1,8 % der Tarif
1,8 % auf 30'000'000 = 540'000 die LIPUTS Steuer

Punkt 0,06 x 20 pKMio.Verm. = 1,2 % der Tarif
1,2 % auf 20'000'000 = 240'000 die LIPUTS Steuer

Punkt 0.06 x10 pKMio.Verm. = 0,6 % der Tarif
0,6 % auf 10'000'000 = 60'000 die LIPUTS Steuer

Punkt 0.06 x 9 pKMio.Verm. = 0,54 % der Tarif
0,54 % auf 9'000'000 = 48'600 die LIPUTS Steuer

Punkt 0.06 x 8 pKMio.Verm. = 0,48 % der Tarif
0,48 % auf 8'000'000 = 38'400 die LIPUTS Steuer

Punkt 0.06 x 7 pKMio.Verm. = 0,42 % der Tarif
0,42 % auf 7'000'000 = 29'400 die LIPUTS Steuer

Punkt 0.06 x 6 pKMio.Verm. = 0,36 % der Tarif
0,36 % auf 6'000'000 = 21'600 die LIPUTS Steuer

Punkt 0.06 x 5 pKMio.Verm. = 0,30 % der Tarif
0,30 % auf 5'000'000 = 15'000 die LIPUTS Steuer

Punkt 0.06 x 4 pKMio.Verm. = 0,24 % der Tarif
0,24 % auf 4'000'000 = 9'000 die LIPUTS Steuer

Punkt 0.06 x 3 pKMio.Verm. = 0,18 % der Tarif
0,18 % auf 3'000'000 = 5'400 die LIPUTS Steuer

Punkt 0.06 x 2 pKMio.Verm. = 0,12 % der Tarif
0,12 % auf 2'000'000 = 2'400 die LIPUTS Steuer

Punkt 0.06 x 1 pKMio.Verm. = 0,06 % der Tarif
0,06 % auf 1'000'000 = 600 die LIPUTS Steuer

Punkt 0.06 x ½ pKMio.Verm. = 0,03 % der Tarif
0,03 % auf 500'000 = 150 die LIPUTS Steuer

Punkt 0.06 x 1/10 pKMio.Verm. = 0,006 der Tarif
0,006 % auf 100'000 = 6 Einheiten die LIPUTS Steuer

Das heisst, bei einem Vermögen von 100'000 Einheiten

zahlt der Steuerzahler gerade mal noch 6 Einheiten.

Es lohnt sich unter 100'000 pKVermögen nicht mehr eine
Steuerrechnung zu versenden. Die Kosten für Arbeit, Papier
und Porto wären höher.

Zuerst gilt es das Grundeinkommen zu hinterfragen, nämlich, wer finanziert dieses wie?

Das müssen uns jene erklären, die das Grundeinkommen fordern.

Mein Denkansatz geht so:

Es lässt sich leider nicht wegdiskutieren, dass es bereits ein beträchtliches Volk gibt, das keine Arbeit findet, sei es, dass es zu wenig gebildet oder oft auch überqualifiziert ist, sei es, dass es sich gar nicht bilden lassen will, sprich lieber die hohle Hand macht.

Ich glaube an den Menschen und gehe davon aus, dass gerade das Letztere nicht oder nur ganz selten der Fall wäre, wenn die Menschen Arbeitsplätze finden könnten, die für ihren Lebensunterhalt und ihrer Leistung entsprechend ausreichend gut bezahlt wären.

Und hier wiederum meine Behauptung: Generell gut bezahlte Arbeitsplätze gibt es auch in wohlständigen Ländern nicht, wenn der Mittelstand am Verarmen ist. Der breite Wohlstand ist zuoberst zu unverdientem, obszönem Reichtum heranspekuliert.

Das unterste soziale Drittel der Gesellschaft kann kaum mehr Steuern bezahlen, aber der Staat braucht das Geld, also nimmt er es dort, wo es noch vorhanden ist, beim Mittelstand, Konsequenz, auch der Mittelstand wird verarmen. Die Tendenz der Zukunft: „Wenige Superreiche und Millionen Superarme", wenn wir nicht bereit sind einigermassen gerecht zu teilen.

Unser Ziel muss sein, den Mittelstand zu stärken, bzw. von zu schwer gewichteten Einkommens- und Mehrwertsteuer Tarifen zu entlasten, damit ihm mehr Geld in der Unternehmenskasse bleibt.

LIPUTS will auch die Unternehmenssteuer abschaffen, es sollen die Melker der Unternehmen gemolken werden, nicht die Unternehmen der Mitarbeiter.

Das wird für den Mittelstand eine erhebliche finanzielle Entlastung geben, sie können wieder mehr Arbeitswillige einstellen, die dann nicht bei den Sozialkassen anstehen müssen. Das wird die Staatskasse entlasten und die Steuern senken.

Es ist einer ethisch korrekten Gesellschaft vordringlichste Aufgabe, unsere Mitbürger zu unterstützen, wo sie irgendwie behindert unserer Unterstützung bedürfen. Nicht der Unterstützung bedürfen jene, die arbeiten könnten, die gar nicht arbeiten wollen, wenn die Sozialhilfe grösser ist als der Lohn, den sie bekämen.

Und genau hier ist der wunde Punkt des leistungsfreien Grundeinkommens. Die Zahl jener, die bei leistungsfreiem Grundeinkommen nicht mehr arbeiten würden, würde massiv ansteigen. Grundeinkommen nicht mehr finanzierbar bei weniger Leistungswilligen und mehr Sozialbezüger, zu denen man die Bezüger vom leistungsfreien Grundeinkommen zählen darf.

Wir können davon ausgehen, dass unsere Legislativen, das sind National- und Ständeräte oder auch Volksvertreter genannt, das Grundeinkommen eher nicht wollen, es sei denn sie können nur auf dem linken Bein stehen. Aber was könnten sie denn wollen? Könnten sie etwa LIPUTS tel quel übernehmen? Sicher nicht, sie haben noch selten etwas konsequent durchgezogen, ausser die Pauschalsteuer.

Sie könnten beispielsweise wie gewohnt Ängste schüren, aufgepasst, LIPUTS hat erhebliche Schwächen, die darf man nicht ausblenden, die Reichen könnten abschwimmen, z.B. in ein Land mit viel tieferen Bandbreiten als jene der Schweiz. Oder? Oder etwa nicht? Könnte ein Reicher der Schweiz nach Bangladesch mit tiefster Bandbreite auswandern wollen?

Sie könnten beispielsweise einen Gegenvorschlag zu LIPUTS einbringen, sagen: LIPUTS ist zu radikal, da weiss man nicht, wohin es führt, wir können nicht auf einen Streich alle Einkommens- plus alle Mehrwertsteuern auf eine LIPUTS Bundesvermögenssteuer übertragen. Richtig, das können wir nicht, die LIPUTSaner wollen das auf gar keinen Fall auf einen Streich übertragen, nicht auf einen Streich, ganz schön langsam, rücksichtsvoll, aber konsequent.

Sie könnten beispielsweise sagen: Warum überhaupt die ganzen E-Steuern, die ganzen MWST-Steuern abbauen? Das belastet alle Vermögen. Ja, LIPUTS belastet alle Vermögen, aber es belastet die tiefen Vermögen sanfter als aktuell und das höchste Promille stärker, das ist wahr, das ist bitter notwendig.

Der Schatzgräber von J.W.Goethe

Arm am Beutel, krank am Herzen
Schleppt´ ich meine langen Tage
Armut ist die größte Plage
Reichtum ist das höchste Gut!
Und, zu enden meine Schmerzen
Ging ich, einen Schatz zu graben
Meine Seele sollst du haben!
Schrieb ich hin mit eignem Blut

Und so zog ich Kreis um Kreise
Stellte wunderbare Flammen
Kraut und Knochenwerk zusammen
Die Beschwörung war vollbracht
Und auf die gelernte Weise
Grub ich nach dem alten Schatze
Auf dem angezeigten Platze
Schwarz und stürmisch war die Nacht

Und ich sah ein Licht von weiten
Und es kam gleich einem Sterne
Hinten aus der fernsten Ferne
Eben als es Zwölfe schlug
Und da galt kein Vorbereiten
Heller ward´s mit einem Male
Von dem Glanz der vollen Schale
Die ein schöner Knabe trug

Holde Augen sah ich blinken
Unter dichtem Blumenkranze
In des Trankes Himmelsglanze
Trat er in den Kreis herein
Und er hieß mich freundlich trinken
Und ich dacht´: Es kann der Knabe
Mit der schönen lichten Gabe
Wahrlich nicht der Böse sein

Trinke Mut des reinen Lebens!
Dann verstehst du die Belehrung
Kommst mit ängstlicher Beschwörung
Nicht zurück an diesen Ort
Grabe hier nicht mehr vergebens!
Tages Arbeit, abends Gäste!
Saure Wochen, frohe Feste!
Sei dein künftig Zauberwort

In der Frühzeit der LIPUTS Entwicklung trafen sich eine Hand voll recht bedeutender Männer bei mir am Stubentisch zum LIPUTS Projekt. Da ergriff einer von ihnen noch vor mir das Wort wie folgt:

„Entschuldigen Sie, dass ich noch vor dem Gastgeber das Wort ergreife, aber ich kann einfach nicht begreifen, dass Herr Dürrenmatt seine LIPUTS Bandbreitenphilosophie mit der Religionsfrage verquickt, damit macht er sein wunderbares LIPUTS-System gleich selber kaputt."

Das bedarf der Erklärung, dass ich als Ungläubiger das sonderbare Bedürfnis habe, den Menschen mitzuteilen, dass ich zwar ungläubig, aber ein naiv Hoffender sei, damit sie wissen mit wem sie es zu tun haben. Dass da nicht einer ist, der etwas behauptet, womöglich gar von Hölle, Tod und Teufel, sondern mit beiden Füssen auf dem Boden der Realität steht, die man mal schön, mal weniger schön erlebt oder erleidet. Da habe ich in meiner Arbeit für LIPUTS Erfahrungen gemacht, die das sich outen, als nützlich erscheinen lassen.

Ich hatte ein Märchenbuch mit zwei Märchen geschrieben, eines für Kinder, das andere für Erwachsene. Ich wollte das

Buch verkaufen, damit ich Geld für die LIPUTS Werbung erhalte. Ich mietete In Bern am Käfigturm einen Stand und legte meine Bücher auf. Es kamen einige Leute am Stand vorbei, niemand fragte mich über den Inhalt des Buches. Als plötzlich eine Frau schnellen Schrittes vorbeikam, schaute sie nur ganz kurz auf die ausgelegten Bücher, büschelte den Mund und tat, als wollte sie auf die Bücher spucken, so schnell sie erschienen war, verschwand sie wieder. Ich stand selber perplex vor die Bücher zu schauen, was denn da so Spuckwürdiges wäre und las den Titel: Linars LIPUTSien erwache. Erst jetzt merkte ich, dass ich besser geschrieben hätte, Linars LIPUTSien schläft noch. Mit LIPUTSien hatte ich an ein futuristisches Land gedacht, das auf dem Weg heraus aus Lüge und Betrug noch schläfrig zwar, aber immerhin unterwegs war. Es war offensichtlich das „Erwache", dass diese Frau nervte, denn unter Linar und LIPUTS konnte sie sich höchstwahrscheinlich nichts vorstellen, hingegen „erwache", das kennt man von den Zeugen Jehovas. Nichts war mir peinlicher als dass meine LIPUTS Bandbreitenphilosophie mit der biblischen der Zeugen Jehovas zu verwechseln wäre. Die Bibel ist für mich ein Buch mit schönen Texten, aber auch absurden Dramen, deshalb für mich als Ganzes wie es evangelikale Sektierer wie die Salafisten ihren Koran gläubig in die Luft erheben und als Wort Gottes/Allah lobpreisen unbrauchbar, ja gefährlich. Das war der Grund, weshalb ich mich entschlossen hatte, immer meinen Standpunkt in der religiösen Welt, in der wir leben, ohne Umschweife auf den

Punkt zu bringen. Der Punkt kann ausser in der LIPUTS Formel auch sonst noch nützlich sein. Der Standpunkt zum Beispiel wo man in der Welt des Glaubens oder Hoffens steht. Ich wünsche mir eine Religion des Unglaubens, des Denkens, und der Hoffnung. Religion muss somit nicht zwingend blindwütiges Glauben bedeuten.

Ich bin ein Ungläubiger, aber naiv hoffender 99,99 % ungläubig. Warum sollte man das nicht thematisieren dürfen? In meiner munzig kleinen Hoffnung fehlen immerhin Hölle, Tod und Teufel. Aber auch ein himmlischer talibanbärtiger Diktator.

Schade hatte ich damals meinen katholischen Gast nicht gefragt, warum er denn LIPUTS nicht in seine katholische Botschaft integriere, wenn das System so wunderbar sei?

Die Hoffnung stirbt bekanntlich zuletzt. Aber was hat das mit LIPUTS zu tun?

Ich würde die Religionsfrage nicht bemühen, wäre ich in meiner Wahrnehmung nicht zutiefst überzeugt, dass der aggressive Kapitalismus, selber eine Art Religion, auf eben den abrahamischen Religionen beruht, insbesondere auf der christlichen. Man kann sich gut vorstellen, dass es zu Zeiten Abrahams Menschen gab, die seinen riesigen Besitz störte. Man kann sich vorstellen, dass die damaligen Priester, um des Reichen Besitz gottwohlgefällig darzustellen, ins damalige Buch geschrieben haben:

„Soweit dein Auge reicht." Also alles o.k. was in den heiligen Büchern geschrieben steht ist sakrosankt. Dass Abraham Gott auch noch gehorchen wollte, seinen Sohn zu opfern, passt zum Drama, dass Gott selber seinen Sohn opferte, wenn es denn sein Sohn war und wenn es denn ein Gott und nicht schlicht miese Dramenschreiberlinge im Auftrag der Mächtigen waren.

Es sind wesentlich reiche Leute, u.a. die Monarchisten, die gerne die Nähe zur Kirchenmacht demonstrieren, die sich mit den Herrschern des Glaubens vereinigen, indem sie in Domen und Kathedralen unter den Diktatoren des Glaubens heiraten und Demut bezeugend vor diese hinknien, sich diesen offensichtlich unterwerfen.

Oft stehen die Gebäude der reaktionären Mächte, Kirchen und Schlösser, nahe beieinander. Es unterwerfen sich nicht nur die Mächtigen dem Glaubenskapital, auch Randgruppen wie wir wissen. In der Schweiz kämpften diese über Initiativen sogar für die Bewilligung sich den Religionsfürsten unterwerfen zu dürfen, Ehe für alle, statt für alle keine Ehe. Kinderlein kann man auch ohne den Segen der Zölibatären kriegen, also die Frauen. Und die Störche klappern ganz sicher nicht für den Dompfaff. Ich war Jahrzehnte lang der Tradition gehorchend auch verheiratet. Es störte mich bald, weil ich befürchtete, meine Frau fühle sich nur durch diesen Religionsvertrag meiner Liebe sicher. Dem war nicht so, ich liebte meine Frau genau so sehr ohne dieses Kirchendiktat.

Jahre nach dieser Erfahrung mit dem Besuch der alten Männer bin ich der Auffassung, dass das LIPUTS Projekt, wie ich es vorschlage, nicht über Nacht umgesetzt werden kann, schon gar nicht von Einzelpersonen allein. Deshalb müssen sich Menschen zu LIPUTS Gruppen zusammenfinden, nicht unter Beeinflussung von irgendwelchen Diktatoren, ob irdischer oder gar kreationistischer Fanatiker, die an Diktatoren noch im Himmel festhalten. Aber eine Art religiöser Eifer könnte dem Projekt nicht schaden, wo sich Menschen zusammen-schliessen, über eine Philosophie zu diskutieren, die die noch nicht zerstörten Vermögen der Welt freundlich unter den Menschen der Welt strukturiert sehen möchten, um den längst angerichteten Schaden noch zu begrenzen. Eine Gemeinschaft, die offen über alles diskutiert.

„Und, was glauben sie, Herr Dürrenmatt?" Wie gesagt grundsätzlich nichts, aber wenn ich ausnahmsweise doch etwas glaube, dann, dass es auf Erden nie wahre Demokratien geben wird, solange wir in unseren Köpfen und Herzen transzendente Diktatoren hätscheln. Diesen sollten wir unbedingt entsagen. Wir können ja trotzdem mit den Störchen klappern, das wäre lustiger als sich im Hause darunter oder sogar auf Fussballfeldern zu bekreuzigen, womit wir christlichen dem Mordopfer, schlimmer noch seinem Vater, nach über 2000 Jahren Irrtum immer noch unsere Referenz erweisen. Da freut mich das Boot der Pfahlbauer vom Moosseedorfsee unendlich besser, das rund 6 Tausend Jahre alte Boot aus einem Stamm geschaffen erinnert mich daran, dass die Pfahlbauer die Erlösungstheorie 4 Tausend Jahre vor Christus nicht kannten. Sie konnten nicht unglücklicher gewesen sein als wir.

Unsere Absicht und Ziel müssen sein, die theoretischen Demokratien in faktische umzuwandeln, um der Welt mit dem demokratischen Kapital endlich Frieden zu bringen. Das ist durchaus ein religiöses Anliegen, ich fühlte immer stärker, dass LIPUTS eine Art Ersatzreligion werden könnte, die sich auf Fakten und nicht auf dämonische Phantome abstützt.

Wir wollen nicht auf des Phantoms Sohn zuwarten, bis dieser nach längst verstrichenen 2000 Jahren vorbeikommt, die Seinigen zu sich in die ewige Herrlichkeit zu entführen und die andern in das ewige Feuer zu verdammen, wo da ewig sein werde Heulen und Zähneklappern. Es wäre eines liberalen Staates Aufgabe diesen Höllenpredigern das Maul zu stopfen, also nicht physisch, gesetzlich.

Das ist in etwa der Punkt, wo es Menschen interessieren könnte, was sie denn von meiner naiven Hoffnung halten könnten, dieser munzig kleinen Hoffnung, an die ich mich gerade nach dem Hinschied meiner wunderbaren Partnerin, die mich 59 Jahre meines Lebens begleitete, tatsächlich naiv klammerte, und in den ersten Wochen des Schockes Mitreisende fragte: Und Sie, glauben sie an ein Weiterleben nach dem Tod? Meine Frau war in einem

Abendzug von mir gegangen, und ist nie mehr erwacht. Ich war erstaunt, wie viele – etwa 7 von 10 Personen sagten: „Ja, das glaube ich, es muss etwas geben." Das war mir Ungläubigen ein grosser Trost. Und die Frage zu meiner munzig kleinen naiven Hoffnung? Ich bin mir bewusst, dass der Mensch wesentlich aus zwei Komponenten besteht, einer physischen und einer psychischen. Jetzt erlaube ich mir naiv zu denken, wenn der physische Körper stirbt, muss nicht auch der psychische, geistige, das Bewusstsein sterben, ich könnte mir vorstellen, dass all das von einer Art Geistkörper übernommen wird, aber wie gesagt, die Hoffnung ist unter ein Promille, aber wenigstens sterbe sie zuletzt.

Der Gedanke, dass wir ein neues Evangelium brauchen, das sich nicht auf „himmlische" Diktatoren beruft, wurde mir immer deutlicher. Wie sollten wir auf höllischer Basis auf Erden wahre Demokratien einrichten können? Was könnte Hölle mit Demokratie zu tun haben? Nichts!

Finanzkritik muss ein nützlicheres Fundament haben, als jenes, dass finanzpolitische Gerechtigkeit und Hilfe nur im „ig wirde Öi i min Gebät iischlüüssä" bekommt. Selbst dem Papst fällt bei Katastrophen nichts Besseres ein, als Sprüche, die den Vatikan nichts kosten.

Wer Finanzsystem Kritiker ist, sollte das Fundament des Unrechts nicht übersehen, dass dieses vom protektionistischen Denken stammt, das reich gewordene

Absahner als Kinder Gottes verherrlicht. Es könnte sein, dass genau in diesem protektionistischen Denken und Glauben der Stachel, des Hasses gegenüber der westlichen Welt zu finden ist. Was ist das für ein Gottesbild, das Völker in lächerlicher bis ekliger Bekennerkultur zu Völker Gottes protektioniert und andere in Teufels Küche verbannt? Da ist mir die nackte Kultur der Frühmenschen, wie die Natur uns schuf, entspannender. Sie kannten keine Kirchen, keine Schlösser, sie erzählten sich ihre eigenen Geschichten am Herdfeuer. Aber wir erhalten all die religiösen und weltlichen Gebäude, die teils wunderschön sind, sie können uns aber auch an ihre Geschichte erinnern, die das kapitalistische Machtsystem vorbereitet hat.

Ich träume davon, dass sich Leute unter einer Philosophie ohne irdische und „himmlische" Diktatoren zusammenfinden, die ein irdisches Projekt vorstellen, das – wie es mein Freund so schön gesagt hat, „LIPUTS würde die Welt positiv verändern." Voraussetzung, es wird begriffen.

Das im Volk zu bewirken kann einer allein nicht schaffen, es braucht Gruppen, die sich zu Vereinen zusammenschliessen, und die Vereine in einen nationalen Dachverband, um die notwendigen Initiativen aufzugleisen.

Der Vorwurf der Gläubigen an mich

„Sie hassen Gott, ihre Götter heissen Engels, Marx und Lenin."

Wie blöd müssen die Politiker unserer Erde sein, dass sie es je zugelassen haben, dass ein paar Hundert Leute nominell bereits die halbe Welt beherrschen.

Haben die noch nie etwas von Leitplanken gehört? Zum Beispiel Vermögensbandbreiten!

„Was den Kommunismus auszeichnet, ist nicht die Abschaffung des Eigentums überhaupt, sondern die Abschaffung des bürgerlichen Eigentums." So Marx.

Was LIPUTS auszeichnet, es will das bürgerliche Eigentum mehren. So Dürrenmatt.

DRM: Das Eigentum kann man nicht abschaffen, es ist da, fragt sich nur wer es beherrscht, ob die Privaten, also die Bürger oder eine politische oft bornierte Nomenklatura. Den Bürgern und Bürgerinnen allen soll nach LIPUTS das Kapital in unterschiedlichem Ausmass ohne Nivellierung gehören, nicht dem Staat.

Das bürgerliche Eigentum unserer Zeit wird nicht vom Proletariat abgeschafft, wie Marx wollte, sondern von den rüden, teils schlitzohrigen Ausbeutern des Kapitals.

Das neoliberale Ausbeuterprinzip wird seinem Charakter entsprechend nun jene ausbeuten, die noch ausbeutbar sind, und das ist eben die Bourgeoisie. Ist es nicht beschämend, dass wichtige Persönlichkeiten unserer Gesellschaft für Spekulationen aller Arten, z. B. für Bitcoin und anderen leistungsfreien Plunder werben, der uns alle zu Millionären machen könne? Vielleicht ein letzter Versuch, einen unanständigen, ungerechten Kapitalismus gegen die neuen anbrausenden linken Wellen zu verteidigen, die kindische Einfalt, das Kapital, das allen gerecht gehören muss, nicht aus der Gier des Neoliberalismus zu entlassen, bis die zerstörende Welle tatsächlich noch einmal über die Welt strömt. Anzeichen sind da, die aufbrausende Jugend will das Kapital subito abschaffen, das unterstreichen sie mit dessen Zerstörung, wo sie nicht gehört wird.

Der Vorwurf: „Ihre Götter heissen Engels, Marx und Lenin" hat mich beleidigt. Was also heisst es in diesem Manifest? Könnte das zu mir, dem ersten LIPUTSaner passen?

Marx „Das Proletariat wird seine persönliche Herrschaft dazu benutzen, der Bourgeoisie nach und nach alles Kapital zu entreissen, alle Produktionsinstrumente in den Händen des Staates, d.h. des als herrschende Klasse organisierten Proletariats zu zentralisieren und die Masse der Produktionskräfte möglichst rasch zu vermehren.

Es kann dies zunächst nur geschehen vermittelst despotischer Eingriffe in das Eigentumsrecht und die bürgerlichen Produktionsverhältnisse, durch Massregeln also, die ökonomisch unzureichend und unhaltbar erscheinen, die aber im Lauf der Bewegung über sich selbst hinaustreiben und als Mittel zur Umwälzung der ganzen Produktionsweise unvermeidlich sind. Diese Massregeln werden natürlich je nach den verschiedenen Ländern verschieden sein." Karl Marx.

DRM: vermittelst despotischer Eingriffe in das Eigentumsrecht, deutlicher kann man den Diebstahl am Volk nicht ausdrücken. Schelmenethik!

Solche Eingriffe sind in der Schweiz im Artikel 26,1 der Bundesverfassung reziprok zynisch festgeschrieben, sie will sogar das Eigentum jener schützen, die keines haben, statt dass die Bundesverfassung Tarife einfordert, die allen die Eigentumsbildung ermöglichen, dann ist das Eigentum bestens für alle gewährleistet. Der Artikel 26,1 muss deshalb lauten:

Die Eigentumsbildung ist gewährleistet.

Das ist Demokratie auf dem Weg zum demokratischen Kapital, im Sinne einer gerechteren Welt.

Von den 10 Thesen des kommunistischen Manifests stelle ich Ihnen hier 4 vor, die mir LIPUTSaner besonders sauer aufstossen.

These 1: „Expropriation des Grundeigentums und Verwendung der Grundrente zu Staatsausgaben."

Diese Forderung widerspricht der LIPUTS-Bandbreiten-philosophie diametral.

These 2: „Starke Progressivsteuer."

Marxens zweite These ist schwach, sie sagt nicht mal aus, auf welchem Substrat die Steuer zu rechnen sei. Wahrscheinlich auf dem expropriierten Eigentum... der Staat würde sich dann selbst besteuern.

LIPUTS will eine schwache, lineare Progressivsteuer auf den Vermögen. Nicht korrupte Kurventarife und schon gar nicht Expropriation des Grundeigentums.

These 3: „Abschaffung des Erbrechts."

Der LIPUTSaner sagt, lassen wir das Erbe unangetastet, das wird vorher vom Erblasser über die Vermögenssteuer besteuert, und es bleibt als Erbgut Vermögen, das nach dem Erblasser von den Erben versteuert wird. So soll es auch nach LIPUTS bleiben.

These 4: „Konfiskation des Eigentums aller Emigranten und Rebellen."

Was waren denn Engels, Marx und Lenin anderes als Rebellen? Man hätte sie aufgrund ihrer eigenen Forderung enteignen müssen.

Ich denke, das reicht. Ich muss der Lok-Führerfrau aus Spiez nicht beweisen, dass ich kein Kommunist sein kann. Mit ihrer Borniertheit muss man leben können, wenn man ihr helfen möchte.

¹⁸ Der Weg in die Liputszeit

Um Liputs umzusetzen, brauchen wir eine Einführungszeit mit äusserst tiefen Tarifen, die trotzdem fähig sind, die Absurdität von pro Kopf Milliarden langfristig in den Bereich von Hundert pro Kopf Millionen abzubauen. Es ist unser Ziel. Dieses zu erreichen, darf viele Jahre dauern, weil schon der LIPUTS Einstiegstarif unten Wunder wirkt.

Noch vor Kurzem hätte man sich nicht vorstellen können, dass sich eines Tages jemand erlauben könnte, die Frage auch nur zu stellen, ob pro Kopf Milliardenvermögen selber verdient sein können. Da wurde der Fragende als Neider abgekanzelt und der Milliardär als Wohltäter gepriesen, der Arbeitsplätze schafft. Als ob das Tausendfache an Millionären, die aus der LIPUTS Steuer entstehen, nicht viel mehr Arbeitsplätze schaffen würden. Denn aus jedem Milliardär lassen sich tausend Millionäre entwickeln, problemlos, mehr sogar, weil die alle zuvor nicht arm waren.

Und genau das ist ein Ziel von LIPUTS, pro Milliardär mindestens tausend Millionäre, die Arbeitsplätze schaffen. Es wird nach LIPUTS auf der Welt von Millionären nur so wimmeln. Und das ist gut so.

Mein Vater im Jahre1910 geboren, hatte in den dreissiger Jahren schlechte Möglichkeit eine gute Stelle zu bekommen, so musste er sich mit dem frommen Wagner begnügen. Bei ihm blieb er 40 Jahre und machte diesen wohlhabend.

1948 hatten Männer um Bundesrat Hanspeter Tschudi gerade die AHV aufgegleist. Ohne die AHV hätte mein Vater nach 40 Jahre treuer Arbeitsleistung ohne Pension nichts erhalten, er hätte ohne die AHV betteln müssen.

Auch um das grossartige Werk AHV für alle Zeiten abzusichern, sollten wir LIPUTS Freunde Gruppen bilden, um gemeinsam darüber zu wachen, dass der Volkswohlstand eines Tages für alle möglich wird.

Man kann sich überlegen, ob für die AHV das Umlageverfahren ein gerechtes Verfahren ist, oder ob sich das System der Pensionskassen mit dem Kapitaldeckungsverfahren nicht auch für die AHV eignen könnte. Das Umlageverfahren könnte auf Jahre hinaus sukzessiv in das Kapitaldeckungsverfahren umgelegt werden, was zuletzt dazu führen würde, dass nur Berechtigte profitieren.

Die LIPUTS Gesellschaft muss die LIPUTS Botschaft gebetsmühlenartig wiederholen, vor allem ihre LIPUTS Formel, gelingt eine Bewegung ist viel gewonnen.

Es gilt die Schere zu schliessen, auf deren einen Seite der Kapitalrassismuss steckt, auf der anderen Seite die bodenlose Armut. Ich habe das Wort Kapitalrassismus ganz gezielt gewählt, und diesen mit der Steuer begründet, die ich die Sklavensteuer nannte, die wir unbedingt überwinden müssen.

Zur Überwindung dieser Steuer braucht es einen Pilotbetrieb, ein menschenwürdiges, fähiges Land, mit wohlhabenden, intelligenten Bürgern mit ethischer Gesinnung.

Dazu ein Satz von Betrand Piccard. „Man soll nie sagen, etwas funktioniere nicht, solange man es nicht ausprobiert hat."

Ich wollte in meinem Alter noch etwas Sinnvolles für die Menschen, am liebsten für die ganze Welt leisten, zumal ich jetzt durch Pension und AHV abgesichert war.

Je mehr ich mich mit diesem Gedanken befasste, merkte ich, dass die Kantonshoheiten immer versucht sein könnten, von anderen Kantonen abweichende Tarife anzubieten, selbst dann, wenn diese nach dem gleichen linearen progressiven LIPUTS Prinzip gerechnet würden. Sie könnten mit einem tieferen Basis-Punkt reiche Leute anlocken. Dieses Abwerben kann verhindert werden.

Ein Grundübel in der Steuerpolitik, das Abwerben von guten Steuerzahlern, lässt sich durch die nationale Zentralisation der Steuerberechnung überwinden.

Hinterziehungskantone auch Hinterziehungsgemeinden sollen nicht länger korruptes applizieren können.

Ausgabenseitig können die Kantone und Gemeinden nach wie vor Wettbewerben, das ist auch bislang die Haupttätigkeit der Legislativen, das Seilziehen um die Ausgaben, wer hat noch nicht, wer will noch mehr?

Ich sah, dass der Vielsteuerartensalat einer sauberen Besteuerung im Wege steht, so entschied ich mich in meinem Projekt eine einzige, eben die Bundesvermögenssteuer auszuarbeiten, die wie wir inzwischen wissen, ein paar recht gravierende Probleme auf einen Streich aus der Welt räumt...

Mit dem Punkt und seiner LIPUTS Formel gelingt es:

Die korrupten Kurventarife zu strecken.

Falsch gewichtete Tarife zu korrigieren, es gibt nur einen.

Kein Vielsteuerartensalat mehr, nur noch eine Steuer.

Die Administration wird einfacher und kostengünstiger.

Bürger werden wohlhabend, können Vermögen bilden.

Wohlhabende Bürger entlasten die Sozialkosten.

Es gelingt, die zwei LIPUTS Zeiten mit der LIPUTS Einheitssteuer zu einem Ganzen zusammen zu führen.

Die Hinterziehungslust der Kollektive wird gebändigt.

Milliardäre schwimmen nicht ab, sie bleiben gerne in Ländern mit dicken Bandbreiten.

Wo fast alle genug haben, nehmen die Verbrechen ab.

Polizei- und Justizkosten sinken.

Die Steuern auch.

Nicht zuletzt wird den LIPUTS-Ländern weltweit grosse Achtung zuteil, weil sie sich einem ethischen Steuersystem verschrieben haben, das den Namen ethisch verdient.

Der Bund muss nicht alles an Kantone und Gemeinden weiterleiten, er behält selbstverständlich sein Anteil zurück, denn auch bei ihm wird die Einkommenssteuer immer weniger einbringen. Der Bund ist berechtigt einen Fonds für Härte- und Katastrophenfälle fürs ganz Land zu speisen, zu verwalten und helfend zu nutzen.

Bund, Kantone und Gemeinden sind nach wie vor für die Ausgabenseite zuständig. Die LIPUTS Steuer besorgt die Einnahmen über die "Liputs" Bundesvermögenssteuer.

Es muss die Kantone nicht kümmern, wenn sie für die Steuereinnahmen nicht mehr verantwortlich sind und ihnen das vom Bund abgenommen wird. Hauptsache, sie erhalten ihren gerechten Anteil, was auch aktuell zwischen Bund und Kantonen permanent über den Finanzausgleich ausgehandelt werden musste.

Es war nicht schwer, sich für die Vermögenssteuer zu entschliessen. Die Einkommen, die nicht aufgebraucht werden, mutieren automatisch zu Vermögen, und da wir ja eine Vermögenssteuer kennen, werden auch die

Einkommen nun nur noch über die Vermögenssteuer erfasst, also nicht doppelt, nur noch im und als das neue Vermögen. Die Tarife unten bis in die höheren Volksschichten werden moderater und gerechter, abgeben sollen jene, die vom Gut der Erde zu viel für sich genommen haben.

Das demokratische Kapital wird an der Urne von den Bürgermehrheiten bestimmt, nicht vom Kapital.

Die BürgerInnen sollen somit die Einkommen erst dann versteuern, wenn sie ihren Lebensunterhalt davon bezahlt haben, was übrig bleibt ist das Geld zur Vermögensbildung, und dieses ist bei Relevanz zu versteuern.

Vermögensbildung wird möglich, bis ins unterste soziale Drittel der Gesellschaft, wenn wir das Steuersystem sinnvoller gestalten, nämlich über eine einzige Steuer auf dem einzig sinnvollen Substrat Vermögen.

Das System wird administrativ einfacher und kostengünstiger. Noch viel höhere Entlastungen entstehen für den Staat, wenn die Bürger wohlhabend werden, die Sozialkosten werden signifikant sinken.

Man muss die Steuerbelastung als Ganzes sehen, und als Ganzes behandeln, also nicht in mehrere Einkommens-Mehrwertsteuern, und Vermögenssteuern, nach Gemeinden, Kantonen, und die Einkommen auch noch über den Bund. Das nennt der Autor Vielsteuerartensalat, eine unnötige, verwirrende Verteuerung.

Wir wollten uns ein Bild davon machen, was demokratisch nicht sein kann, was wir deshalb ändern sollen.

Der Staat entzieht sich einer demokratischen Führung, wenn er dem Kapital-Diktat das Führungsprimat überlässt. Die Regierenden sind die Lakaien des Kapitals. Das muss das Volk an der Urne ändern.

Es darf nicht sein, dass es Länder gibt, die eine Bandbreite vom tiefsten zum höchsten Vermögen von über 100'000 Millionen erlauben, sonst ist der Staat selbst korrupt. Und wenn Bürgermehrheiten so was wie Pauschalsteuern beschliessen, sind auch die Bürgermehrheiten korrupt. So lässt sich keine bessere Welt gestalten. Ich kann die Wut der Ausgebeuteten begreifen.

Was die Welt bislang kannte, ist die Diktatur des Kapitals, und zwar in beiden Systemen, dem kapitalistischen und dem kommunistischen, auch dort geht es ums Kapital.

Es entscheidet im Kommunismus nur ein einsilbiges Komitee, was mit den Einnahmen zu geschehen hat, es gibt keine wahren demokratischen Prozesse.

Mit der LIPUTS Bandbreitenphilosophie können beide Weltsysteme demokratischer werden, sich zur politischen Mitte hinbewegen. Bilden wir uns nicht zu viel ein zu unserer theoretischen Demokratie, diese funktioniert zwar wunderbar, aber faktisch ist sie keine, ihr fehlt das dazugehörige demokratische Kapital. Genau das streben wir LIPUTS Demokraten an.

Das demokratische Kapital wird nicht – wie Marxens allen alles Idee – scheitern, weil hier die Privatinitiative aller gefördert, und nicht die Verstaatlichungswalze die Privatinitiative aller flach walzt.

Das neoliberale kapitalistische Sklavensteuersystem ist nicht demokratisch, weil es dafür verantwortlich ist, dass das Kapital an wenige kalte riesige Berge fliesst und gefriert, statt auf wärmere sanfte Hügel, die ihr „Wasser" in alle Täler fliessen lassen, diese zu begrünen.

Der Vermögen bildende Bürger wird daran interessiert sein, sein Vermögen zu halten, gerne noch zu mehren, und deshalb jene Leistung erbringen, die ihm der Erfolg der LIPUTS Bandbreitenphilosophie ermöglicht.

Die Unternehmenssteuer auch umzulegen, würde meiner Forderung, die Melker der Unternehmen zu melken und nicht die Unternehmen, sehr entgegenkommen. Viel Glück, oder auch viel Verstand, dann haben wir das Glück.

Nicht den Religionen und Monarchien, auch nicht dem Kapital, das Führungsprimat gehört den Menschen der Völker.

Noch ist das Kapital nicht immer, eher immer nicht sozial.

Janet Yellen schafft es rund um den Globus, die Unternehmens Reingewinne mit 15 % zu besteuern. Sie gibt den reaktionären kapitalistischen Ton an, und die neoliberalen kapitalistischen Orchester spielen ihn weltweit in allen Tonarten. Genau beobachtet eine kapitalistisch rassistische Yellen Revolution über Nacht.

So sehr ich mir als erster LIPUTSaner ein globales System wünschte, viel Zeit damit verbracht habe so eines zu entwerfen, kann ich mich an Janet Yellens Erfolg nicht freuen.

Bereits sind im Juli 2021 schon 130 Länder auf diesen Schmäh aufgesprungen.

Nach Yellen werden somit einmal mehr jene belastet, die die echte Arbeit leisten. Es ist völlig falsch, die Unternehmen der Arbeitenden zu belasten, es sollen die Melker der Unternehmen belastet werden. Das ist das LIPUTS Ziel.

Das Kapital muss grundsätzlich jenen gehören, die es erarbeitet haben.

Yellen belastet damit das Kapital der rechtmässigen Eigner, und das wären jene, die die Maschinen und ihre häuslichen Hüllen erbaut haben, um in ihnen zu produzieren. Erbaut durch die Hände und Köpfe der Arbeiter, nicht durch die Kapitalschieber.

Das heisst nicht, dass jene mit führenden Funktionen nicht überdurchschnittlich Anteil daran haben sollen, aber doch nicht alles. Das zu regeln, dafür gibt es die wunderbare Form der Aktiengesellschaft.

Es ist schon heute so, dass verantwortungsbewusste Unternehmer die Führungscrews, Generaldirektoren, Direktoren usw. überdurchschnittlich am Aktienkapital beteiligen.

Das darf so bleiben, aber wo der Unternehmer alles in den eigenen Sack schiebt, ist das nicht überdurchschnittlich, sondern Diebstahl an des Arbeiters Leistung, den dieser Diebstahl letztlich in die Sklavenarbeit treibt.

LIPUTS ist eine Individualsteuer, das Familienvermögen wird durch Anzahl Familienmitglieder dividiert, der dabei resultierende tiefere Tarif wird auf dem ganzen Familienvermögen berechnet. Was weit über die 100 pKMillionen der engsten Familienangehörigen hinaus wächst, muss weiter verteilt werden. Da gibt es viele

Möglichkeiten. Preise senken, Löhne erhöhen, Arbeitszeit verkürzen, Ferien verlängern, Sozialwerke, AHV, berücksichtigen, nicht zuletzt das Klima, usw.

Die pro Kopf Milliardenvermögen sind der Fluch der Welt, deshalb müssen sie nach und nach abgebaut werden.

Alles andere zu fordern ist Schaumschlägerei, insbesondere Janet Yellens Idee fördert die Armut.

Die LIPUTS Vermögenssteuer fördert den Wohlstand, sie wird zum Segen der Völker, zum Segen der Welt. Kriege wegen Hunger und Not werden obsolet.

Ich bin nicht gegen globale Lösungen, die UNO kann LIPUTS nach gleichem System für die Länder der Welt einsetzen. Die UNO braucht auch Geld, so kann sie es sich mit noch tieferen LIPUTS Tarifen organisieren. Global denken ist gut, regional nach globalem, sozialem Denken zu handeln sehr gut.

Was habe ich Globales ausgedacht? Ein System, das sich weltweit für alle Länder eignet, ein System, das zwischen den Ländern nicht nivelliert, ein weltweit mögliches System, das auch innerhalb der Länder nicht nivelliert. Es lässt sich auf alle Länder anwenden, ob arm oder reich.

Arme Länder finden mit LIPUTS ihre schmale Vermögensbandbreite, reiche Länder ihre grössere.

Das Geniale an der LIPUTS Bandbreitenphilosophie ist, diese Steuer schliesst die Schere zwischen Arm und Reich in allen Ländern enger. Sodass die Differenzen zwischen Arm und Reich für die Ärmeren nicht mehr so deprimierend sind wie aktuell, egal in welchem Land.

Unser LIPUTS das du bist auf Erden
möge aus dir etwas Gutes werden,
kannst du uns erlösen
vom Steuervogt dem Bösen?

Steuern, wollen wir dir LIPUTS sagen,
damit Gerechtigkeit für alle werde,
sollen jene zahlen, die vom Gut der Erde
frech zu viel für sich genommen haben,

Wir sind nicht alle reich,
schon gar nicht alle gleich,
die Starken werden, Willkür, ach mir graust,
geschont im Land, wo Kurventarif-Unrecht haust.

Starke sollten Schwache tragen,
umgekehrt ist leider Mode,
schlupfe Löcher schützen fette Maden
die Kleinen schuften sich zu Tode.

Unverdientes Kapital, das wäre nichts als billig,
soll zahlen aller Staaten Steuerquote,
macht die Milliarden endlich willig,
belebt das Riesenkapital, das tote.

So bleibt den kleinen Bürgern etwas auf dem grünen Ast,
zum Beispiel mindern sie den Landwirtschaftsbetrieben
mit eignem Überschuss die grosse Hypothekenlast,
sie hat schon Bauern in den Ruin getrieben.

Willkür der Tarifstrukturen,
unten steigend, oben krummen
dulden wir! - Sind wir der Souverän?
Ach was, wir sind die Dummen!

Was krumm ist macht LIPUTS gerad,
streck den Murks der degressiven Kurven
zum linearen, progressiven, unbegrenzten Pfad,
wir wollen nicht mehr diesen Steuerslalom surfen.

Erwacht vom alten Traum
der unbegrenzten Unersättlichkeiten,
nehmt die Begehrlichkeit in Zaum,
so folgen endlich bessre Zeiten.

Schwestern, Brüder eilet, es ist Zeit,
die Erde bebt im Überdruss,
Die Motivation gesunden Überfluss zu schonen schwindet,
wenn die Legalität Diebstahl mit Recht verbindet.

Was legal sein will muss sich sauber Richtung Recht
bewegen,
nicht umgekehrt, sonst haben wir Begriffsverwirrung,
das Gute ist nicht gut, das Böse ist nicht bös,
wir folgen der verlogenen Moral in die Verirrung.

Ins zweifelhafte Recht
versetzt man die Verbrecher-Syndikate,
wenn legal besser ist als sie,
sonst sind sie nichts als Duplikate.

Wo bleibt der Respekt vor dem Leben,
wenn wir nicht jedem das was ihm gehört freiwillig geben?
Kein Mensch braucht Milliarden die Millionen andern
fehlen, weil
leistungsfreie Alimentationen, Teil vom Lohn der Arbeit
stehlen.

Wir wollen nicht mehr länger was des Staates,
ewig der Wertschöpfung belasten,
wir wollen sukzessiv und ohne Hasten,
unverdient gehäuftes Milliarden-Kapital antasten.

LIPUTS korrigiere sanft und über viele Jahre
die Steuer weg vom Leistungswillen,
hin zur Faulheit, zu den toten Haufen,
die der Wirtschaft permanent das Öl aus dem Getriebe
saufen.

Linear, progressiv und unbegrenzt sind die Tarife die wir
wollen,
wir brauchen sie, weil endlich jene zahlen sollen,
die auf kapitalen Bergen hocken,
wenig leisten und viel zocken.

Vom Himalaja steigt herab altneue Betonköpfe,
sagt dem was ihr getan und tut nicht länger neo liberal
was ihr nie waret, niemals seid und nie sein werdet,
ihr fülltet früher so wie heute, ohne Hemmung nur die
eignen Töpfe.

Steigt herab vom unverdienten Kapital, herab von euren
faulen Bergen
erinnert euch der Worte Freiheit, die ihr nie geduldet,
Gleichheit, die ihr hintertriebet, Brüderlichkeit, die ihr nie
wolltet.
Ihr provoziert erneut die Revolution - was haben wir
davon?

Soll denn dieses Morden, immer wieder neu beginnen?
Wollen wir uns denn nicht endlich vor der letzten Nacht,
auf ein pro Kopf-floating-Mitte-Level-umbesinnen
bevor ein grauer nie gewollter Morgen, aus einem
ungerechten Schlaf erwacht?

LIPUTS komm, noch ist es Zeit, sei uns noch einmal allen
gnädig,
werde umgesetzt zum Glück und von uns allen,
wir wollen nicht mehr länger die Gebete,
der kapitalen Haie lallen.

H.Dürrenmatt

Mein Credo: Ich glaube an das positive kollektive Bewusstsein, nichts weniger als ein demokratisches Hoffen auf eine göttliche Dimension für das Hier und Jetzt und danach.

Ich hoffe auf die Allversöhnung, die in der Sekte als von des Teufels abgelehnt wurde.

Wenn ich an Holocaust, all die Kriege auf dem Globus, Naturkatastrophen denke, dann könnte selbst der Tod Allversöhnung bedeuten.

Hitler hätte dann dieselbe Gnade erfahren, wie Nelson Mandela oder Mahatma Ghandi. Wäre das korrekt?

Ich sage, das wäre dann korrekt, wenn wir aus einer Art Schöpfung erschaffen worden wären. So wäre auch Hitler unkorrekt erschaffen worden, dann gälte auch für ihn Gnade vor Recht.

Allein dieser Gedanke insinuiert uns, dass wir das Wort erschaffen, Schöpfung vergessen sollten, wir wurden nicht erschaffen, nicht geschöpft, es war eine zufällige, vielfältige biologische Entwicklung ohne irgend wessen Mitwirken, ausser der Natur.

Leugnet somit der LIPUTS Entdecker eine geistige Dimension? Nein, er hofft auf sie.

Wer weiss, ob wir nicht gedacht werden. (Nietzsche). Wer weiss, ob das, was wir erfüllt haben, nicht unsere Aufgabe war?

Es ist mir denkbar, dass Gefühle, Psyche, Geist, also Seele und Bewusstsein, sich erst im Laufe der natürlichen Entwicklung des Universums, genauer unserer Erde, in der Milchstrasse nach und nach eingeschlichen haben.

Ich als Ungläubiger hoffe, dass es diese geistige Dimension aller Geist Gewordenen gibt, vielleicht gar nicht so weit von unserer physischen Dimension entfernt.

Nur in dieser Hoffnung ist feinfühlenden Menschen der Gedanke an einen Holocaust und all die schrecklichen Mordskriege und Naturkatastrophen auf dieser Welt im Hinblick auf Genugtuung der Opfer halbwegs erträglich.

Warum sollen auch die Bösen in die ewige Herrlichkeit einziehen dürfen.

Gibt es ein geistiges Leben nach dem physischen Probeleben, dann wird auch Hitler Erkenntnis an sich heranlassen müssen, und das wird ihm eine lang bemessene Zeit geistig/psychischen Aufarbeitens und Leidens genug sein, ohne dass da inquisitorisch ewige Bestialitäten sein müssten.

Wenn wir als allenfalls zuerst mal natürlich gewordene Wesen so versöhnlich zu denken fähig sind, wieso sollte denn nicht das, was allenfalls im Universum für unser Sein verantwortlich wäre, schlechter denken und fühlen?

Gibt es eine Verantwortlichkeit im Universum für uns, Menschen und Tiere und Pflanzen? Ich weiss es nicht.   Es wäre mir ohne die biblischen Dramen denkbarer.

Dass es so nicht sein kann, wie uns das Buch aus den Händen der Inquisitoren darstellt, ist Denkwilligen zweifelsfrei.

Dagegen scheint mir eine anständig, wenn nicht gar lieblich geartete Geisteswelt denkbar.

Ich hoffe immerhin naiv auf sie.

Ich habe jetzt viele Jahre über ein System nachgedacht, das den Menschen dienlich sein könnte, bin etwas müde geworden, möchte zur Ruhe kommen, und da kommt mir gerade ein schöner Spruch von Goethe in den Sinn.

Über allen Gipfeln Ist Ruh
In allen Wipfeln Spürst du
Kaum ein Hauch;
Die Vögelein schweigen im Walde.
Warte nur, balde Ruhest du auch.

(J.W.von Goethe.)

Ich wünsche allen mit dem erträglich zurecht zu kommen,
was für sie vorgesehen war.

Inhaltsverzeichnis

Erstes Schmankerl:.. 7

1 Liebe Schweiz... 8

2 Schweiz, ich suche Deine Mitte 13

3 Wenn Steuern arm machen 18

4 Die Liputs Formel 20

5 Revolution evolutionär umgesetzt.................. 24

6 Volksschädigende Steuern 27

7 Der Punkt beginnt sehr sanft...................... 29

8 Der Punkt löst das Desaster........................ 33

9 Der Punkt beginnt zu knappern.................... 37

10 Milliardenkapital = Armut der Völker............... 39

11 Die Bandbreitenphilosophie? 42

12 Das Volk bestimmt! 46

13 Angekommen im LIPUTS Zeitalter. 52

14 Noch zum Grundeinkommen: 56

15 Arm am Beutel, krank am Herzen................. 60

16 Besuch der alten Herren 62

17 Und an was glauben Sie? 70

18 Der Weg in die Liputszeit 75

[19]	Das Edelste der Politik	76
[20]	Das Demokratische Kapital	78
[21]	Der menschliche Staat	82
[22]	Das Führungsprimat gehört	85
[23]	Das LIPUTS Geb(e)t	89
[24]	Gläubig oder ungläubig?	94